JN039911

365日

高学年編

の学級づくり

やまかんメソッドでつくる

最高の教室

八巻寛治 著

明治図書

まえがき

　『八巻寛治　365日の学級づくり』は，著者が民間企業（銀行員）や教諭，社会教育主事として勤務し，学んだり，実践したりしてきた約40年間の取り組みを学級づくりという視点でまとめたものです。

　これまで約40年の間に，カウンセリングの技法やエンカウンター，心ほぐしミニゲームなどを中心に，セミナーや研修会などで年平均30〜40回，計500を超える講座を担当してきました。書籍等では，学級経営，特別活動，人間関係づくりなどを中心に，月刊誌で2000本超，単行本で60冊，分担執筆を含めると100冊を超える書籍にかかわらせていただき，売上は38万部を超えています。

　その経験を生かし，若手からベテランまで使える本として提案できるものをまとめました。手にしていただいた皆様には心から感謝申し上げます。

東日本大震災を契機に

　2011年３月11日，未曾有の被害をもたらした東日本大震災。東日本を襲った地震と巨大津波により尊い命が多く失われました。

　筆者は仙台市に住み，勤務地が海沿いであったこともあり，揺れの影響も大きかったですが，津波の恐怖を今でも忘れられません。

　全国の本当に多くの皆様方からご支援をいただき，まだまだこれからのところもありますが，復旧・復興に向かって前進しています。その御礼に，心のケアに関する研修会等で全国を回らせていただきました。その関係もあって，落ち着くまでは単行本の依頼をお断りすることにしました。

　そして震災から10年目の今年，全国に被災地支援の御礼の研修に

伺うたびに，学級づくりや人間関係づくり，今までにない子どもの姿（実態）や親の意識のずれ，同僚との人間関係など，学校・学級における多岐にわたる課題に対応できる本の必要性を感じ，この本を発刊することにしました。

ガイダンスとカウンセリングをベースにしたやまかんメソッド

　本書では，筆者が特に重要と考える８つのメソッドを月ごとに４項目，48事例を紹介しています。

　①児童理解の方法（見取り方）

　②ルールづくり　③リレーションづくり

　④適切なトラブル解決・課題解決（集団の課題）

　⑤適切なトラブル解決・課題解決（個別の課題）

　⑥カウンセリングスキルの活用　⑦ユニバーサルデザイン

　⑧保護者対応

　低学年・中学年・高学年の３冊に分けているのは，それぞれの発達課題や特徴的な傾向の違いに合わせたいと思ったからです。

　低学年は，１年生の小１プロブレム，２年生の中間反抗期。

　中学年は，９歳・10歳の壁，小４ビハインド。

　高学年は，思春期対応，過剰適応やピアプレッシャーなど高学年男女の指導・援助。

　１，２章で最近の子どもたちの理解の仕方や課題対応例を，３章では月ごとの指導事例を紹介しています。学年ごとですが，内容によっては他の学年でも活用できるものもあります。全国の学校で，教師も子どもも笑顔いっぱいになることを願っています。

　2020年１月

八巻　寛治

Contents

2章　最高の教室をつくる8つのやまかんメソッド

1学期の学級経営

2学期の学級経営

3学期の学級経営

序章

今どきの
子どもと保護者の
現状と課題

それぞれの実態に応じた理解と対応
学級の荒れ（学級崩壊）・思春期への対応

✓ 今どきの子どもと保護者の実態を把握した上で学級づくりをすることが大切
✓ 子どもの育ちの姿で対応を考えよう

今どきの子どもと保護者の現状と課題

筆者は約40年にわたり教師の経験をしてきました。その時代に応じて，子どもと保護者の実態と課題を意識して教育実践に当たってきました。

令和になった今，子どもたちの様子で気になることがいくつかあります。特に，幼児と中学生によく見られる2つの反抗期（第一次・第二次）だけでは説明がつかないことが度々見られるようになってきたことです。

幼児から小学生，中学生，高校生など，発達上の課題を確認すると，小1プロブレムや中1ギャップ等のほかにも2年生の頃の「中間反抗期」，3・4年生頃に起こる「9歳の壁・10歳の壁」，高学年の「思春期」，「中2の悲哀・スクールカースト」などが浮き彫りになってきています。

筆者は校内研修や授業サポート等で全国の学校に伺う機会がありますが，5年前ぐらいから小学2・3・4年生の学級で落ち着かない状況が増えていると感じています。

右図「親と子の力関係の変化」では，親の力が実線，子どもの力が点線だとすると，子どもが徐々に力をつけてくると同時に親は子どもに対してかかわる力を減らします。思春期の頃に力関係が逆転し，子どもが自立していくというものです。

一方，思春期の頃に，我が子にしっかり向き合わなかったり，力を抜いたりしてしまい，クロスした点から平行線になることがあります。一見仲良し

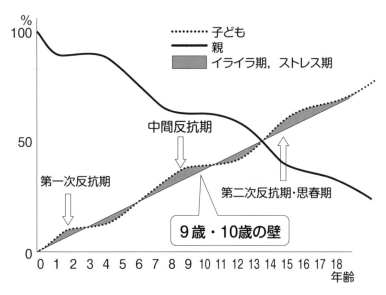

中間反抗期説明図―親と子の力関係の変化―

親子にも見えますが，子どもが自立できないというゆがんだ親子関係になりやすくなります（田村節子『親と子が幸せになる「ＸとＹの法則」』ほんの森出版）。

　そのことを前提に，子どもの発達課題を次項に紹介します。

今どきの子どもたちの発達と「友達付き合い」に見る人間関係の特徴

高学年の課題と対応・対策

◈ ５年生……学級の荒れ（学級崩壊） →支持的学級風土と規律ある雰囲気のバランスが大切

〔学級づくりキーワード〕ルールとリレーションのバランス，エンカウンター，ソーシャルスキル，規律ある雰囲気づくり，アサーションスキル，共感的人間関係

◈ ６年生……思春期 →学校生活のあらゆる場面を生かして，子どもの居場所や活躍できる場を保障

〔学級づくりキーワード〕ルールとリレーションのバランス，自己存在感，自己決定の場，共感的人間関係の育成，シナリオロールプレイ，カウンセリング技法

幼児期は「浅く広い付き合い」の言葉に象徴されるように，保育園や幼稚園，認定こども園などに通園しているクラス全員が「おともだち」として付き合う。
浅く広い関係。男女関係なくみんなで交流できる。

低学年では家が近所の子や同じ保育園など，ある程度の関係ができたかかわり合いの友達。
一部，キャラクターの趣向やゲームなどでかかわる関係も見られるようになる。

高校生は，さらに友達関係が複雑になり，趣味や趣向，価値観が似ている友達との付き合いになる。付き合いにくい相手をうまく避けるようになり，自分の心を許せる相手を求めようとする。

高学年では，さらに気の合う友達と付き合うようになり，特定の子が集まるグループができやすくなる。いわゆる「深く狭い付き合い」になる。

中学生では，さらに「深く狭い付き合い」が顕著になり，心理的距離が近い特定の親友に発展する。特定の友達と付き合う。

部活動や習い事など，教室外でのかかわりも増える。

友達とそうでない子の区別がはっきりしてくる。

中学年では，付き合う相手を自分で選ぶようになる。

相手との意識のずれが生じはじめると，バランスが崩れ，トラブルが起こりやすくなったり，孤立感を感じたりすることもある。

1章

最高の教室
をつくる
学級づくりに向けて

学級の荒れ（学級崩壊）・思春期への対応

✓ 高学年の課題への対応には子どもの内面を理解することが大切
✓ 多面的な見方で子どもを理解しよう

高学年の子どもが抱える現状と課題

　小学校高学年の時期には，幼児期を離れ，物事をある程度対象化して認識することができるようになります。また，中学年の課題である9歳の壁・10歳の壁を乗り越えて成長することにより，対象との間に距離を置いた分析ができるようになり，知的な活動においてもより分化した追究が可能になります。

　自分のことを客観的にとらえられるようになる一方，発達の個人差も顕著になります（小4ビハインド・いじめ認識の変化・不登校児童の増加等）。身体も大きく成長し，自己肯定感をもちはじめる時期でもあります。

　反面，発達の個人差も大きく見られることから，自己に対する肯定的な意識をもてず，劣等感をもちやすくなる時期でもあります。

　さらに，集団の規則や社会の常識を徐々に理解して，集団活動に主体的にかかわったり，遊びや生活場面などでは自分たちのきまり（ローカルルール）を作ったりして，集団を維持するためにルールを守るようになります。

　一方，学級の荒れ（学級崩壊，以後「学級の荒れ」）や思春期への対応も含めた，閉鎖的な子どもの仲間集団が発生しやすく，自分にしっかりとした考えがなく，他人の言動に同調したり，仲間からの同調圧力（ピアプレッシャー）・過剰適応などの課題も見られます。

　いじめや不登校の増加についての問題では，小学校高学年の時期における

インターネット等を通じた擬似的・間接的な体験が増加する反面，人やもの，自然に直接触れるという体験活動の機会が減少していることが挙げられます。

　さらに，いじめや不登校についても，直接的な課題や問題に起因しているケースよりも，多くの課題が複合的に絡み合ったり，複雑に入り組んだりしている現状があります。多面的な児童理解や子どもの内面を理解した上で，学級集団として指導していくことが必要です。

いじめ調査：低学年が多いように見えるが実は…

　文部科学省が平成30年度に公開した「平成29年度児童生徒の問題行動・不登校等生徒指導上の諸課題に関する調査」の結果では，いじめの認知件数は前年度より９万1,235件増の41万4,378件で，過去最多でした。

　「児童生徒の問題行動・不登校等生徒指導上の諸課題に関する調査」は，児童生徒の問題行動や不登校などについて今後の生徒指導施策推進の参考とするため，文部科学省が毎年度実施しているものです。「令和元年版 子供・若者白書」でも同様の傾向でした。

　いじめの認知（発生）件数は，前年度比９万1,235件増の41万4,378件。昭和60年度の調査開始以来，過去最多となり，児童生徒1,000人あたりの認知件数は30.9件（前年度23.8件）。いじめ防止対策推進法第28条第１項に規定する重大事態の発生件数は，前年度比78件増の474件でした。

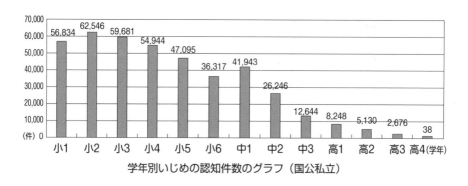

学年別いじめの認知件数のグラフ（国公私立）

学校別では，小学校31万7,121件（前年度23万7,256件），中学校８万424件
（前年度７万1,309件），高校１万4,789件（前年度１万2,874件），特別支援学
校2,044件（前年度1,704件）。小学校での増加が目立ち，特に小学校低学年
が多い傾向にあるとの報告です。

　特に注目，注視してほしいのは，学年別の発生（認知）件数です。

　実は数年前までのいじめや不登校の調査では，それぞれの発生件数であ
り，認知件数は含まれていなかったために，下図の不登校の発生件数のよう
に，低学年から徐々に増えはじめ，小学校では６年生が一番高い傾向でした。
その後中学１年生で突出して高くなるため，"中１ギャップ"といわれてい
ました。

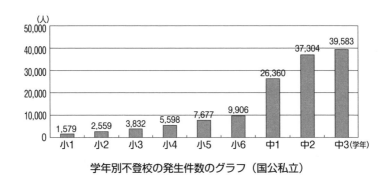

学年別不登校の発生件数のグラフ（国公私立）

　つまり，低学年で増えているいじめの件数がそのまま陰湿ないじめにつな
がっているわけではなく，高学年こそ注意して対応しなければなりません。
おそらく，いじめの発生件数でも本来は高学年が多いと思います。高学年を
担任する上で，肝に銘じておきたいものです。

高学年の学級づくりのポイント

　高学年になると個と学級集団との関係がより重視されることになります。よりよい学級集団をつくるためには，自分が受け入れられていることや，必要とされていることを感じることができるような，"あたたかい雰囲気"が必要になります。言い換えると，一人一人が自己有用感を実感できることが大切ということになります。

　そのためには子ども自身が，互いの立場を尊重し合い，認め合うことを意識して過ごすようにしなければなりません。特に高学年であれば，子どもの問題行動に対して，時には毅然とした態度で指導したり，対決したりするというような規律ある雰囲気も必要になります。子ども一人一人にあたたかく優しい態度で接する（カウンセリングマインド）とともに，教育的な愛情をもって健全な成長を促す指導をすることが教師には求められます。

　これらを踏まえて，小学校高学年の時期における子どもの発達において，重視すべき課題としては次のことがあり，対応が求められます。

- ・抽象的な思考への適応や他者の視点に対する理解
- ・自己肯定感の育成
- ・自他の尊重の意識や他者への思いやりなどの涵養
- ・集団における役割の自覚や主体的な責任意識の育成
- ・体験活動の実施など実社会への興味・関心をもつきっかけづくり

よりよい学級集団には，個と集団の視点がある

　支援や援助を必要とする子どもたちに対して適切な対応を行うためには，すべての子どもたちを大切にする学級づくりや，どの子にもわかりやすい授業づくりを行うことが大切なポイントになります。

　下図は，筆者が考える個と集団の関係図です。

　個人としては，「社会面の発達」で人とかかわれる対人関係のコントロールを，「心理社会的発達」で自分に「いいね！」が出せる自尊感情と感情のコントロールをそれぞれ学びます。

　一方集団としては，集団の相互作用や関係性があるルールとリレーションのバランスが保たれていることと，メンバーに役割意識やリーダーとフォロワーの関係性が成立していること，つまり個と集団が相互に刺激し合い，スパイラルな関係で成長するという考え方です。

　よって「よい個人はよい集団の中で育つ」ということになります。

　そこで，高学年でよりよい学級集団をつくるためには，個と集団の多面的な理解，カウンセリングやユニバーサルデザインの視点を取り入れながらの支援・援助，トラブルが起きたときの適切な解決・解消など，集団への指導・支援・援助と同時に，個への指導・支援・援助の２つの視点をもって取

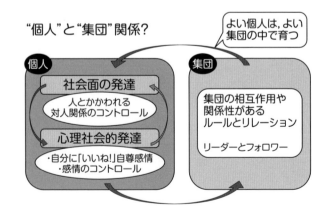

り組むことが重要になります。

　この2つの視点を踏まえ，高学年の学級づくりに焦点を当てたよりよい学級集団の育成のポイントと指導・支援・援助のあり方について紹介します。

集団への指導・支援・援助

①すべての子どもを大切にする学級づくり

　○一人一人が安心して過ごすことができる学級づくり（ルール）

　○一人一人の違いを認め，互いに支え合う学級づくり（リレーション）

　　※リレーションとは相互の関係性のこと，ふれあいとも言う

②どの子にもわかりやすい授業づくり

　○取り組みやすい学習環境の工夫

　○一人一人の学び方の違いに考慮した授業づくり

　　⇒わかることの喜びと支持的学級風土の醸成

個への指導・支援・援助

③苦戦している子・苦手意識のあることも得意なことも支える

　○子ども一人一人の理解

　○困難さを軽減するための支援や配慮

　○「認める」「ほめる」機会の拡充⇒自尊感情の育成

よりよい学級集団＝ルールとリレーションのバランスがよい

　よりよい学級集団では，子ども自身が安心して過ごすことができ，他者とのかかわりの中で自らのよさを発揮することができます。言い換えると，子どもが安心して過ごすことができるための「ルール」と，一人一人の違いを認め，支え合うことのできる「リレーション」の2つが確立し，バランスがとれていることがよりよい学級集団づくりでは大切だと言えます。

　ルールとは，子ども同士が安心してかかわることができる，集団に必要な

最低限度のルールやマナーのことで，リレーションとは，本音や感情交流がある関係，関係性やふれあいと呼ばれることもあります。

　この2つのバランスがとれている状態を"支持的学級風土"と呼び，次のような意味合いがあります。

　支持的学級風土…失敗や間違いが気持ちよく受け入れられる環境

　　　　　　　　　どの子どもにとっても居心地がよい環境

　　　　　　　　　学び合いのある環境

　よい学級とは，「問題のない」学級ではなく，トラブルはあって当たり前，「問題を解決できる」学級であり，「失敗」は「みんなの解決課題」として，解決を喜び合える学級のことです。

ルール（規律）とリレーション（関係性）

〈ルールの形成〉

子ども同士が安心してかかわることができる，集団に必要な最低限度のルールやマナー

〈リレーションの形成〉

本音や感情交流がある関係

高学年の学級づくりの留意点

学級の荒れ（学級崩壊）への対応

　10歳前後になると，次第に自分の性格や能力などを周りの友達と客観的に比較して，「自分はそれほどできるわけではない」などと感じ，自信を失ったり劣等感を抱いたりしやすくなる傾向にあります。

　この時期は，集団を意識して学習や生活に取り組むことができるようになり，友達を中心にした生活，友達から影響を受ける生活へと変化します。親や教師の意見よりも友人の意見を大切にし，親からこまごまと干渉されることをいやがります。自分の考えで判断し，行動する独立心・自立心が育ちはじめてくるのですが，心身ともにアンバランスな時期を迎えるために，トラブルが起こりやすいとされています。

　小学校高学年のこの時期の心身の発達には，以下のような特徴があります。

①さらに抽象的で知的な理解を好み，複数の友達とルール（学習や遊び等）を共有し，一定の距離感をもって客観的にかかわることができるようになり，気の合う仲間との連帯感を深めることができます。

②自分のことを客観的にとらえられるようになる一方，発達の個人差も顕著になります。自己肯定感をもちはじめる時期ですが，授業がわかる・わからない，技術的にできる・できない等，発達の個人差も大きく見られることから，劣等感をもちやすくなる時期でもあります。幼い頃には感じなかった様々な感情も生まれてきます。このような心の動きを親に対して素直に打ち明けなくなるのも，この時期の特徴です。

③集団の規則が一部の子どもだけで共有されてしまうと，仲良しグループが出来上がり，本人たちは遊びの延長や自分たちのグループ関係を維持するつもりでいたとしても，必然的に仲間はずれや無視などが生じてくる可能性も高くなります。

　それは，交友関係が広がってくることで家族よりも仲間同士のふれあ

いを大切にするようになっていき，教師や親に対する秘密の世界も大きくなり，その中に入り込まれたくないという気持ちも出てくるからです。

これらを発達と教育課程に置き換えて考えると，「①抽象的な思考や他者との心理的距離感」は各教科の授業の中で身に付けることができます。

「③集団における役割意識や主体的な責任意識」は，道徳や学級活動（話し合い活動・係の活動）・日常の当番活動（給食指導・清掃指導）・児童会活動などを通して育成することができます。

ただし，「②自己肯定感」については，各教科や領域の中で育まれたものを実際の生活の場で使えるように育てるのが難しい面もあり，生活経験や実態によっては，意図的に取り組まなければならないこともあるのです。

高学年の学級づくりのスタートには，「自他の尊重の意識や他者への思いやりなどの醸成」を目指し，

・安心して自分の気持ちが出せる学級の雰囲気づくり（安）
・身近な友達との信頼を深め，心理的に安定してかかわれる距離感のある仲間づくり（近）
・それらに短時間で手軽に取り組め，短期間で効果が出せること（短）

このような取り組みが有効だと思われます。

自己肯定感を育む「ルールとふれあい」の関係

自己肯定感とは，自分という存在を否定するのではなく，欠点や短所も含めたありのままの自分を肯定的に認め，自分らしさを好きになり，身近な人間関係の中で，自分を価値あるものとして思えるようになることだとされています。また，他者への思いやりなどの醸成は，ルールとふれあいが同時に実行されたときに初めて効果的に身に付くと思われます。

大人の感覚では，一般的に考えられる「肯定的な言葉（ほめ言葉）」を互

いに伝え合えばよい関係ができると思いがちですが，思春期を迎える高学年の子どもたちは，ほめ言葉をわざとらしく感じたり，表面的な薄っぺらい感じととらえたりする場合もあり，自分が言ってほしい言葉を求めていることが多いものです。

　下図は，子どもの心理におけるルール遵守の意識の高低とふれあいの度合いの大小を表した関係図です。

　象限1（右上）は，ルール遵守の意識が高く，ふれあいの度合いも大きい子どもの心理状態です。

　ルールを守ろうとする努力に応じて（対価）ふれあいの度合いが大きくなるので，十分に満たされた気持ちになったりやる気に満ちたりして，自分と他者の存在価値を同じように重要なものとして認め，受容している関係を表しています。問題や課題に直面した場合も，現実的に解決しようという意識が高く，相手を大切にしようとする気持ちも育ちやすいタイプです（→満足型）。

　象限2（右下）は，ルール遵守の意識が低く，ふれあいの度合いが大きいケースです。

　ルールを守ろうと努力しなくても，周囲との人間関係がある程度とれるこ

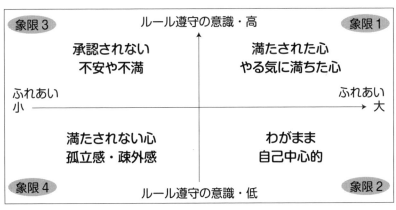

ルールとふれあいの関係図

とになるので，自己中心的な気持ちをもつ子どもになりやすくなります。自分の思いを優先してしまい，他者からの意見を受け入れない子等が考えられます。わがままで，身勝手な言動が多く，相手の状況を考慮せず自己中心的な言動が多いタイプです（→身勝手傾向型）。

　象限3（左上）は，ルール遵守の意識が高く，ふれあいの度合いが小さいケースです。

　ルールを守ろうと努力しているにもかかわらず，友達との関係が成立しにくいので，仲間として承認されない不安や不満をもちやすいです。

　特に他者評価を気にしやすく，友達からのメッセージに敏感な傾向のある高学年の子どもの中には，自己肯定感が低くなりがちで，不本意なことであっても無理に相手に合わせてしまう子どももいます。時に過剰適応したり，依存が強くなったりする傾向があり，不登校や，中1ギャップといわれる不適応になりやすいタイプです（→高学年に多い不安傾向型）。

　象限4（左下）は，ルール遵守の意識が低く，ふれあいの度合いも小さい心理状態です。

　他者への関心が低く，かかわってもらえない状態が考えられるので，満たされない心や孤立感・疎外感を感じてしまう場合も多いです。

　中には，自分の存在を見失い，自暴自棄になってしまい，生きていくことへ希望を見出せなかったり，学校生活や家庭生活に興味や関心がもてず，意欲を失ってしまいがちなタイプです（→不満内向型）。

高学年に多い不安傾向型への対応：「ふれあい（リレーション）」の促進

　象限3の，ルール遵守の意識が高く，ふれあいの度合いが小さいケースへの対応を考えるとき，子どもは身体的にも情緒的にも不安定になっているため，内から湧き出る衝動や感情をコントロールしながら，正しい判断や責任ある行動ができるような心を育てていくことがポイントになります。

　気持ちの準備が整っていないところに心身の不安定さが増すため，子ども

たちがやり場のない大きな不安を経験するこの時期の総称は"第二次反抗期"と呼ばれています。これを乗り越えるには，子どもたちの不安や悩み，反抗心をしっかりと受け止める対象が必要です。そのやりとりの中で子どもたちの自我が確立し，安定して成長していきます。

　最近は他者とのかかわりが減っていることもあり，その不安を相談したり，悩みを打ち明けたりする機会も減っています。ストレスを抱えたり，イライラしたりする子どもたちが増えてきているのはそのためです。

社会的スキルと心のエネルギー

　下図は社会的スキルと心のエネルギーの概念図です。タテ軸は社会的スキルの高低，ヨコ軸は心のエネルギーの大小を表しています。自分なりに努力して社会的スキルが高まったときに，心のエネルギーが大きいとやる気になりますが（右上），高まっても心のエネルギーが少ないと不安や不満が残りやすくなります（左上）。

　高学年の時期は友達から認められることが心のエネルギーを充足することになり，不安や悩みを解消することができます。

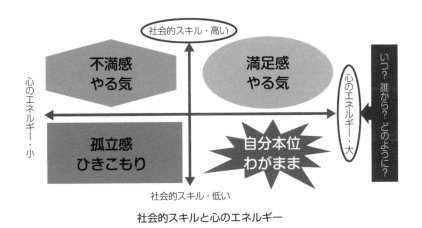

社会的スキルと心のエネルギー

高学年の「ルールづくり」に向けて

　高学年になると学校生活への慣れから，生活や学習のルール・約束が曖昧になってしまうことがあります。また，ルール・約束を伝える際，「教師の話」で伝えるだけでは不十分な場合もあります。学習規律や基本的なあいさつ（「おはよう」「ありがとう」「ごめんなさい」），話す・聞く態度など「仲間とかかわる上での最低限のマナー」について確認してみましょう。

ルール・約束をつくるポイント

■ ルール・約束の意義を子どもたちが理解

　ルール・約束は学校で全員が気持ちよく過ごすためにあり，一人一人が守ることが大切だということを，まず子どもたちに確認しましょう。

■ 学校や学年で共通理解

　どこまでが学校や学年のルール・約束で，どこからが学級のルール・約束としてよいのか，他の教師と確かめ合いましょう。

■ 保護者の協力

　子どもがルール・約束を守るためには，家庭の協力が必要です。紙面で伝えるだけでなく，懇談会などで具体的に伝えましょう。

　〔例〕鉛筆の使い方・家庭学習の仕方・持ち物　など

　高学年の４月は組織づくりや学校行事・児童会行事等で大忙しの時期です。忙しい４月だからこそ，本音が出やすい時期でもあります。もめ事やトラブルの中から，どの子どもも気持ちよく生活するためのルール・約束をつくり，一つ一つ確かめましょう。

　子どもたちと一緒につくったルール・約束は，年間を通じて子どもたちが守れるよう，定期的に振り返ることも大切です。

ルール・約束を指導するポイント〈「できて当たり前」の基礎編〉

▧ ほめ方のパターンを増やす

①できたことをほめる

子どもが「自分でできた」という達成感や成就感を感じられるようにしましょう。

②具体的な姿をほめる

「何をがんばったのか」が具体的にわかるようにしましょう。原則として，できているときに，その場ですぐほめるようにしましょう。

④みんなのためになったことをほめる

自分が役に立っているのだという自己有用感を育てましょう。

⑤努力している過程をほめる

結果だけでなく，その子の努力の過程や取り組みの姿勢そのものをほめましょう。

▧ 生活について

○登校〜朝の会

宿題や音読カードなどの提出物は，提出する箱などを用意して，どこに何を提出するのかを明確にしておきましょう。

また，朝の時間に取り組む内容（読書やスキルなど）を事前にマグネット付きカードにしておくと，落ち着いた一日のスタートを切ることができるでしょう。

○休み時間

早く遊びたいという気持ちが高まる休み時間。廊下の安全な歩き方や次の時間の準備，戻る時刻の確認をしましょう。

○給食

給食は，学校のルールや学年のめあてを確認しておきましょう。教師間で相談し，次のことを学年で共通認識としておくことも大切です。

・給食を取りに行くときは……

・配食の仕方は……

・「いただきます」までの過ごし方は……

・給食を食べるときの席は……

○掃除

　掃除分担表を用意し，自分の担当の場所を，責任をもって掃除できるようにします。

　掃除内容によっては早く終わるものもあるので，担当の場所が終わったら何をするのかを，具体的に示しておくとよいでしょう。

　また，掃除用具を丁寧に片付けるために，用具の片付け方の写真を掲示しておくとよいでしょう。

▨ 学習について

○持ち物

　学習に必要なもの（教科書・ノート・筆箱・下敷きなど）のチェックは，毎朝登校時すぐに確認させましょう。

　筆箱の中身については，次のようなことを確認しましょう。

・学習に必要なものが入っているか（鉛筆・消しゴム・定規など）

・鉛筆が必要な本数入っているか　・鉛筆が削られているか

○授業中

　一日の生活の中で，多くの時間を占める授業の時間。だからこそ，授業中のルールは４月のうちに徹底させておきたいものです。

・授業の始まりと終わりの挨拶

・机の上の学習用具の配置

・発表する際の話し方，聞き方

・「話型」や「声のものさし」等の例示

▧ あらゆる場面で

○時間を守る

子どもたちが時間を意識して生活できるように，大きな時計やキッチンタイマーなどで具体的な時間を示すようにしましょう。

■ ルール・約束を指導するポイント〈「できるとうれしい」の応用編〉

ルールや約束は，学級目標とも関連させて一緒につくりましょう。子どもたちがルールや約束を意識して生活することができるように，そのルールや約束の意味を，子どもたちと一緒に考えましょう。

「廊下を走らず，右側通行なのはどうしてかな」などと問いかけて考えさせることで，さらにルールや約束を守ろうとする意識が高まってきます。

はじめは教師がねらいをもってつくるルールですが，教師の適切な指導のもと，子どもの願いや学級目標なども確かめて，学級活動や帰りの会などで話し合い，自分たちの生活がよりよくなるように，子どもたちで決められるようにしましょう。

ただし，「休み時間に体育館を使って遊ぶ」のように，子どもが決めることができない部分（自治的な活動範囲外）があることも留意すべきでしょう。

一人一人が学級の中で安心して生活したり，自信をもって生活したり，大切にされていると感じたりすることができるようにするために，ルールは必要です。学級でのルールは，生活における「望ましい集団活動」を通して，「よりよい（好ましい）人間関係」を形成していく上でなくてはならない約束事です。

ルール（規律）が出来上がったら，つくったルールが守られているかを定期的に振り返って確認し，守られていなければ，守るためにどうするのかについて話し合うことが重要です。守られない場合，実態に合っていなかったり，絵に描いた餅になっていたりするようなケースも考えられますので，ルールを修正する必要が出てくることもあります。

生活ルール―なれ合い型・管理型からの脱却―

　下図は規範意識と実行意識をクロスさせたときの高学年の子どもたちの意識を想定したものです。高学年は，右上の《規範意識が高い・実行意識が高い》になることで，「所属する集団のルールがわかり，実行できるので安心して意欲的に生活できること」が理想的です。

　しかし，右下の《規範意識が低い・実行意識が高い》の場合は，所属する集団のルールが理解されていなかったり，ルールを守らない子どもが多かったりする「なれ合い型」になっている場合があります。なんとなく仲が良いクラスのように見えますが，ルール遵守の意識は低く，そのままにしておくと学級の荒れを起こす場合もあるので，注意が必要です。

　また，左上は，《規範意識が高い・実行意識が低い》の場合です。所属する集団のルールはわかりますが，実行することに不安や不満を感じてしまうという実態です。教師の指導が管理型（教師の力によってまとめる）の場合，一見まとまっているように見えますが，子どもたちに活気がなかったり，自主的な動きが見られなかったりする場合もありますので，気を付けたいものです。

規範意識と実行意識のモデル図（八巻案）

コミュニケーション≒リレーションの促進

　高学年は，人と人との関係の中で育ち，社会性を獲得していきます。子どもにとって，学校生活のほとんどを過ごす学級での人間関係は，他者との信頼や協力，所属意識等に影響を与えるものです。

　学級が心休まるあたたかさを感じられる場になっている，自分の居場所があり所属意識をもてるものになっている，みんなから認められ自尊感情を育むものになっているなど，学級の人間関係の中に温もりのある関係性が存在していることが大切です。

※リレーションとは，「お互いに構えのない，ふれあいのある本音と本音の感情の交流がある」状態のことです。

コミュニケーションの頻度と効果の関係

　右図は，コミュニケーション頻度と効果の関係を高い—低いでクロスさせ，関係を感じ方の視点でとらえたものです。2013年から5年間にわたる，小中連携3校（2小学校，1中学校，小学3年生から中学3年生まで調査した一部）の結果です。

　コミュニケーション頻度が高く効果が大きい場合（右上）は，「話をしっかり聞いてもらったら明るい気持ちになる」と思う子どもが多い傾向があります。

コミュニケーションの頻度と効果のモデル図（八巻案）

　一方で，コミュニケーション頻度が低く効果が小さい場合（左下），「話を

少し聞いてもらい，明るい気持ちにならなかった。何も感じなかった」と感じる子どもが多いことを示しています。

コミュニケーション能力が課題？

　一般的に高学年になるとコミュニケーション能力が高くなるはずなので，右下の頻度が低くても効果が大きい「少し話を聞いてもらっただけで明るい気持ちになる」に移行すると思われます。

　ところが，結果はそうではありませんでした。特に高学年で多かったのは，左上で，コミュニケーションの頻度が高くても，効果が小さい「話を聞いてもらったけど，明るい気持ちにならなかった」と答えた子どもです。男女とも5・6年が多かったです。多感な時期ということでしょうか。

　コミュニケーション≒リレーションの促進ではありませんが，高学年のリレーションづくりには配慮しなければならないことがあるということかもしれません。

リレーション（ふれあい）づくり＝学級内の人間関係づくり

　リレーションづくりの代名詞といえば，構成的グループエンカウンター（以後，エンカウンター）ですが，人間関係づくりのエクササイズを学級活動の中で行う場合には，学級活動の指導の特質を踏まえて取り入れる必要があります。

　授業の最後は，振り返り（シェア）で終わるのではなく，人間関係をつくるために，集団決定や自己決定を行うようにするなど，手立てを指導過程の中に効果的に組み入れることが必要です。

　人間関係づくりにおける教師の配慮事項を紹介します。

Check! ✔ 人間関係づくりにおける教師の配慮のポイント

- ☐ 子どもの話をしっかりと聞くことにより，子どもとの関係性を深める
- ☐ 日頃から子ども全員に肯定的な声がけをする
- ☐ 学級だより等に，学級担任の感想や肯定的なコメントを書く
- ☐ 教師から自己開示をする（自身の子どもの頃の話や失敗談等）
- ☐ 授業でペア学習やグループ学習等を意図的に取り入れ，仲間と協力して解決できるような活動の課題を出す
- ☐ グループ活動を行う際は，２人組から４人組，４人組から８人組と，かかわり合う集団の人数を徐々に増やすなど工夫する
- ☐ 休み時間などに，友達の「気になる様子」「がんばっている様子」を話題にしながら，みんなで認め合う雰囲気づくりを進める
- ☐ 話し合い活動等を通して，自分ができることを一人一人に意識させる

子どもや保護者とのリレーションづくり

　教師が子どもや保護者とのリレーションを促進することは，子どもや保護者とつながり，信頼関係を築いていくことになり，よりよい学級づくりのベースになります。

　教師が子どもと適切なリレーションでかかわることができれば，子どもは教師を尊敬する大人のモデルとして受け止め，他者ともかかわれるようになります。

　教師が保護者とリレーションを促進できれば，保護者からの信頼を得て，教育活動に専念できることになりますので，直接的・間接的な関係性にかかわらず，意識的に深めていきたいものです。

Check! ✔ 子どもと信頼関係を築くポイント

- ☐ 子どもと接する場面をチャンス場面ととらえ，一人一言声かけを心がける
- ☐ 子どもが話しかけてきたときは，子どもと向き合って，最後までしっかりと話を聞く
- ☐ ノートやプリントなどの提出物には1コメントや絵文字など，ワンポイント配慮のあるメッセージを伝えることを心がける
- ☐ 子どもをあだ名で呼んだり，呼び捨てにしたりせず，「さん」付け等で呼ぶようにする
- ☐ 上手に言葉にできない子どもの気持ちを想像し，極力笑顔で接する
- ☐ 子どもが達成感を得られるよう，子どもが困っているときには声をかけて支援・援助する
- ☐ 時には黙って隣に寄り添い，同じ空間・時間を共有する
- ☐ その子どもの言動を称賛したいときは，具体的な場面を言葉でほめる

Check! ✔ 保護者と信頼関係を築くポイント

- ☐ 会話の中から，保護者の真意や願いを想像して接する
- ☐ 保護者が話しているときには，目を合わせ，うなずきながら聞く
- ☐ 子育てにおける努力を認め，苦労を称賛し，カウンセリングマインドでかかわる
- ☐ 学校の方針や取組を伝える際には，具体的にわかりやすく伝える
- ☐ 子どもへのかかわり方について話題にするときは，子どものよさや成長を併せて伝える
- ☐ リレーションがある程度とれるようになったら，保護者の気持ちに寄り添い，タイミングや時期を考えて話を進める

思春期の子どもとの関係づくりの留意点

　高学年の学級づくりでは，ルールとふれあいが醸成されるよう同時にバランスを保ちながら取り組むことが必須の要件になります。何を，どのように指導・支援していけばよいかポイントを述べます。

10歳頃から12歳は脳のゴールデンエイジ

　10歳頃から12歳までの頃は，脳のゴールデンエイジと呼ばれる時期です。この時期は，特に寝ている間に脳神経回路が発達します。

　子どもたちは自分自身や社会のことにも目を向けるようになり，教師をモデルにしようとします。ですから教師は，正しい日本語をつかい，一貫した言動に気を配る，理想の大人としてのふるまいが望まれます。そのような教師は子どもたちから信頼され，尊敬の念を抱かれる存在となるでしょう。

※ゴールデンエイジとは，図のように，子どもの身体能力，運動能力が著しく発達する時期のことで，具体的には10〜12歳（小学4年〜6年生）の期間をさします。体の動かし方，動作，技術を短時間で覚えることができる，一生に一度だけの貴重な年代をゴールデンエイジと呼びます。

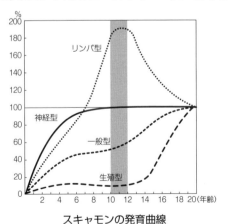

スキャモンの発育曲線

思春期の男子の特徴と対応例…男子はゴール志向

　男性の脳は，目標やゴールを明確にすることで，やる気を出す傾向があります。男子も同様で，例えば野球をする子は，「大谷翔平選手のようになりたい！」と，憧れの選手を決めます。自分が今後生きるための目標としてのロールモデル（役割の手本になる人）が必要になるのです。

　特に，高学年の男子には，大人としての目標や役割が必要になります。本来，身近な大人をロールモデルにしていくので，最も身近な目標は父親です。次なる存在は教師になります。

　よって我々教師には，男子が憧れる存在の大人になることが求められます。

　高学年男子の憧れとは，運動能力の高さや知的能力の高さ，服装や歩き方，身なり等の見た目，話し方等に大きく左右されます。また，コミュニケーション能力の高さやセンスのよさなども大事な要素の一つです。

　さらに，自分の趣味や資格を持ち，何かを追求し続けている姿勢。これまでに何かに悩み，それを克服したときの話をするなど，人生の幅，人間としての奥行きの深さのようなものを見せられると，より魅力的に感じるようです。

ほめるときはカウンセリングの視点でほめる

　高学年男子のほめ方にも工夫が必要です。高学年では，教師にほめられるためにがんばるというより，周囲の同級生にどう認められ，どのようにほめられるかが大事になってきます。

　男子の場合は，委員会の活動をがんばった，児童会で活躍したなどの，結果の承認や称賛ではなく，努力してテストの点数が上がったことやがんばって目標を達成したことなど，その子が成し遂げたり継続して成果を出したりしたことを具体的にほめる方が効果的です。

右の図は「心のピラミッド」で（早稲田大学名誉教授・菅野純氏），自己実現するためには社会的能力が必要で，その下支えとして心のエネルギーが必要だというものです。

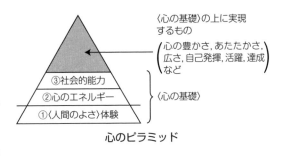

〈心の基礎〉の上に実現するもの

（心の豊かさ, あたたかさ, 広さ, 自己発揮, 活躍, 達成 など）

③社会的能力
②心のエネルギー   〈心の基礎〉
①〈人間のよさ〉体験

心のピラミッド

高学年男子の場合は，心のエネルギーを充足するためには具体的な努力点やがんばった経過をほめることが必要です。

また同様に，叱り方についても配慮が必要です。

Check! 男子のほめ方のポイント

- [ ] 具体的な行為・努力やがんばったプロセス，子どもの伸びや変化をほめる
- [ ] 直接ほめたり，仲間に対してその子どものがんばりを伝えたりする
- [ ] 「うなずく」「ほほ笑む」等のジェスチャーや，アイコンタクト等を交えてほめる
- [ ] 当たり前の活動が，当たり前にできていることを肯定的に評価する
- [ ] 他の人と比較してほめるのではなく，子どもの成長したところをほめる
- [ ] 子どもの行為に対して，感謝の気持ちを込めてほめる
- [ ] 他の人が言った肯定的な評価を引き合いに出して，重ねてほめるようにする（第三者が称賛していたことを伝えることで，複数の人からほめられていることを感じることができる）

Check! 男子の叱り方のポイント

- [ ] 望ましくない言動があったときには，叱るだけではなく，なぜそのような言動をしたのかについて子どもから理由を聞いた上で，その言動の問題性について指摘し，どうすればよかったのかを考えさせるようにする

☐ 権威を振りかざすのではなく，子どもの気付きを促すようにする
（使ったものを片付けないときなどは，「使いっぱなしにしていい加減
だ！」と指摘するのではなく，「次の人が使いやすいようにするには，ど
うしたらいいかな？」などと声をかける）

☐ 「またやってしまった」「いつになったらできるようになるの」など，子
どもの人格を否定するような叱り方や，過去を引き合いに出して叱るの
は避ける

☐ 他人の人格や身体を傷つけるような行為に対しては，相手の心情や感情
を理解させ，そのつらさを実感させてから反省を促す

☐ 小さな過ちに対しては，正しい行動はどうあるべきかを問うて，再発防
止を促すようにする

☐ 学級の仲間の前で個人を叱ることは，周りの子どもに「ダメな子，でき
ない子」という，隠れたメッセージを送ることになりかねないので留意
する

思春期の女子の特徴と対応例…女子はセンスと内面志向

　女性の脳は，生まれてきたときから右脳（感じる領域）と左脳（顕在意
識）の連携がとてもよくできているために，男性とは比べものにはならない
くらい，自分のことをしっかり観察しているのだそうです。

　また，10歳を過ぎた辺りから，生殖ホルモンが出てくるようになるので，
一人前の大人としての成長が始まります。よって，一人前の女性として接し
なければなりません。

　自分も含めてですが，高学年女子の指導で失敗する教師のほとんどが男性
教師です。高学年の女子はなれなれしくされることを好みません。かといっ
て，周囲の子と区別をして対応してしまうと，ひいきしていると言われかね
ないこともあり，対応に苦慮します。高学年女子には，子ども扱いせずに，
大人の女性に接するような言葉を選ぶとよいと思います。

女子には大事にされたいという本能がある？

　女性の脳は，自分が他者から尊重され，共感されることを望んでいます。その理由は哺乳類としての役割があり，子育ての機能があるからです。

　よって高学年の女子が，「自分は大切にされたい」「自分を大事にする人といたい」と思うのは，わがままなのではなく，生殖本能の一番強い脳の信号として，自分の所属する集団の中で比較的優遇されることを望んでいるからであることを，我々教師も理解しておくとよいと思います。

社会的スキルと心のエネルギー

　下図は p.27でも触れましたが，これは前出の「心のピラミッド」（p.39）をもとに筆者が社会的能力を社会的スキルと心のエネルギーとでクロスさせたものです。

　右上は，社会的スキルの意識が高く心のエネルギーが充足している状態のエリアで，十分満足感があり，やる気になります。

　右下は，社会的スキルが低く，心のエネルギーが充足している状態のエリアです。努力をしなくてもほめられる状況（叱られなくてよい場合も含む）

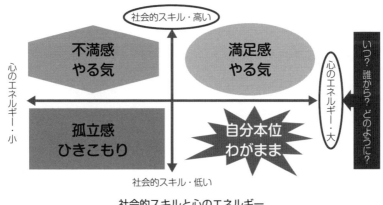

社会的スキルと心のエネルギー

なので，自分本位であったり，わがままであったりすることが考えられます。小1プロブレムはこの心理状態に近いといわれています。

　左上は，社会的スキルが高く心のエネルギーが小さい状態のエリアです。社会的スキルを，難しい学習をしたときによい点数がとれたと仮定してみると，自分が努力したことに対して心のエネルギーがもらえない状態になるため，不満足感があったりやる気が出なかったりします。

　左下は，社会的スキルが低く，心のエネルギーも不足している状態です。自分から努力もしないし，肯定的なメッセージももらえないので，孤立感を感じたり，やる気も出ず，不登校気味になったり，ひきこもりになったりする可能性もあります。

高学年女子の課題「心のエネルギー」は誰からもらえるか

　前頁の図での高学年女子の課題は，左上のエリア（社会的スキルが高く心のエネルギーが小さい）です。自分なりに努力したことに対して承認，称賛してほしい相手が，同性の友達からというこだわりが起きやすいからです。

　つまり高学年男子の場合は，心のエネルギーを充足するためには相手は誰でもよく，具体的なアドバイスでよいのですが，女子は，同級生の女子や年齢の近い女子からもらわないと心のエネルギーが不足してしまう場合もあるということです。

Check! ✓ 女子のほめ方のポイント

☐ 具体的な行為や努力して成長したこと（変容）をほめる

☐ 直接ほめたり，特に仲の良い仲間に対してその子どものがんばりを伝えたりする

☐ 「うなずく」「ほほ笑む」等のジェスチャーや，アイコンタクト等を交えてほめる

- ☐ 努力して身に付いた力や，当たり前にできていることを肯定的に評価する
- ☐ 他の人と比較はしないが，内面のよさの影響から，子どもの成長したところをほめる
- ☐ 人知れず努力していることを，言葉に出して労ってあげたり，感謝の気持ちを込めたりしてほめる
- ☐ 他の人が言った肯定的な評価を引き合いに出して，重ねてほめるようにする（第三者が称賛していたことを伝えることで，複数の人からほめられていることを感じることができる）

叱るときには，気持ちと事実を使い分ける

　筆者は，女性の方のカウンセリングをするときは「気持ち」と「事実」を分けて傾聴することにしています。その方が意思確認しやすく，気持ちが伝わりやすいからです。よって共感する事柄においては，「その気持ち，わかる」という受け止め方がポイントになります。

　叱るときは，「気持ちわかるよ。（共感）私があなたと同じ立場だったらそうしたかもしれない。（受容）ただ，それは間違っているよね（事実）」と，気持ちと事実を使い分けて話をすることが大切です。

　男性教師がやりがちなのは，事実だけを見て，その事実の社会的な価値と比べて，頭ごなしに叱ってしまうことです。女子にとっては，事実ばかりを突きつけられて，背景にある自分のことをわかってくれないというとらえになってしまい，意識のずれが生じてしまいます。

　事実の価値判断や善悪は確認しなければなりませんが，女子を相手に面談するときは，気持ちの部分で「君の気持ちはわかる。私も小学校のときにそう思ったことがある」などと，一旦は受容して接することをおすすめします。

☐ 望ましくない言動があったときには，叱るだけではなく，なぜそのような言動をしたのかについて，そのときの心情や感情を子どもから聞いた上で，その言動の問題性について指摘し，どうすればよかったのかを共に考えるようにさせる

☐ 共感的な姿勢で接し，子どもの気付きを促すようにする
（使ったものを片付けないときなどは，「使いっぱなしにしたいとは思わなかったけど，そのようにできなかったんだね」と状況を理解した上で，「今度同じようなことがあったら，どうしたらいいかな？」などと声をかける）

☐ 「またやってしまった」「いつになったらできるようになるの」など，子どもの人格を否定するような叱り方や，過去を引き合いに出して叱るのは避ける

☐ 他人の人格や身体を傷つけるような行為に対しては，相手の心情や感情を理解させ，そのつらさを実感させてから反省を促す

☐ 小さな過ちに対しては，正しい行動はどうあるべきかを共に考えるように聞き出して，再発防止を促すようにする

☐ 特に仲の良い子やあこがれている男子の前で個人を叱ることは，周りの子どもにも否定されていると感じやすくなり，隠れたメッセージを送ることになりかねないので留意する

※抽象的な問いかけでは考えにくいという子どもには，具体例を提示して選択させたり，一緒に考えたりして解決を図る。

〔参考文献〕
・黒川伊保子「AI 研究者が語る　男女別 脳のトリセツ」『小五教育技術』2018年 4 月号，小学館

高学年の学級づくりのルールとリレーションのバランス

　最近の通常学級には，軽度の発達障がいをはじめ，多様な援助の必要な子どもが共に学んでいることをぜひ実感した上で学級づくりに取り組んでほしいと思います。

　高学年の課題である学級の荒れ・思春期の対応を意識して支援（援助）教育を進めるためには，次の7つの項目がポイントになります。

「どの子にも居場所のある学級」

「どの子にもわかりやすい授業」

「どの子も学習に集中できる環境」

「どの子のピンチもチャンスに変える課題解決」

「子ども同士のよい関係づくり」

「教師と子どもとのよい関係づくり」

「教師と保護者とのよい関係づくり」

　これらの項目を具体的に実現していく一つのツールとして「ルールとリレーション」自己チェックリストを作成しました。

「ルールとリレーション」チェックリストの見方・確認の仕方

　ルールとリレーションのバランスを見るもので，それぞれの項目ごとに4段階で評価してください。各質問に答えた4〜1の数がそれぞれのポイントになります。トータル40ポイントのうち，ルールに関する合計点とリレーションに関する合計点をp.48のプロット図の上でクロスさせて確認してください。

　診断する際は次の点に気を付けましょう。

　・できるだけ客観的に自己評価できるように，具体的な取り組みをイメージして振り返りましょう。

　・同僚や他の人に話を聞きながら，他者評価も取り入れてチェックしてみましょう。

　・あくまでも目安として取り組みましょう。

✓Check! 学級づくりチェックリスト【ルール編】

〈学級生活における対人関係を円滑にするための規則・規律やマナー〉

○学級ルールが守られているかについてそれぞれの項目を4段階で評価して
ください。

　　4：すごくそう思う　　　3：そう思う

　　2：あまりそう思わない　1：そう思わない

〔質問項目〕

（　　）①授業を始めるとき，席に着き学習用具を準備している

（　　）②授業中に私語がない

（　　）③授業中に立ち歩くなど，勝手なことをする子どもがいない

（　　）④乱暴な言葉による会話がなく，適切な声の大きさで話をしている

（　　）⑤名前を呼ばれたらはっきりと返事ができる

（　　）⑥教師の指示を理解し，活動している

（　　）⑦学級のきまりやめあてを守っている

（　　）⑧グループ活動をしているとき，勝手な行動をせず，グループ内で協
　　　　　力することができる

（　　）⑨ゴミが床に落ちていたり，机にいたずら書きをしたりすることがない

（　　）⑩当番活動（給食・掃除）では，学級で決めたルールを守って実行できる

合計得点　　　　　　点

〈診断の仕方〉

○合計得点により，学級のおおまかな傾向をつかんでみてください。

　　40〜36：ルールが確立している

　　35〜31：ルールがほぼ確立している

　　30〜26：ルールがおおよそ確立している

　　25〜21：ルールがやや確立していない

　　20〜10：ルールが確立していない

Check! 学級づくりチェックリスト【リレーション編】

○子どもたちが安心してクラスで過ごせている…教師と子ども，子ども同士など，学級の中に親和的であたたかくふれあいのある学級ルールが守られているかについてそれぞれの項目を4段階で評価してください。

　4：すごくそう思う　　　3：そう思う

　2：あまりそう思わない　1：そう思わない

〔質問項目〕

（　）①子どもたち同士が頻繁にあいさつをしている

（　）②友達の発表を，嘲笑したり冷やかしたりせず，よく聞いている

（　）③授業中や朝の会・帰りの会で，多くの子どもたちが発言している

（　）④互いの考えや活動の事実を認め，ほめ合っている

（　）⑤係活動や当番活動など，リーダーに協力し役割を分担して仲良く活動している

（　）⑥みんなで話し合って，積極的に集会活動などを行う雰囲気がある

（　）⑦学習の中で，互いに助け合い学び合う姿が見られる

（　）⑧学校生活の中で，困っている友達がいるとき助け合う行動が見られる

（　）⑨グループ同士で対立するようなことがなく，学級全体であたたかく交流している

（　）⑩休み時間には，グループや学級みんなで仲良く遊んでいる

合計得点　　　　　　　点

〈診断の仕方〉

○合計得点により，学級のおおまかな傾向をつかんでみてください。

　40～36：リレーションが確立している

　35～31：リレーションがほぼ確立している

　30～26：リレーションがおおよそ確立している

　25～21：リレーションがやや確立していない

　20～10：リレーションが確立していない

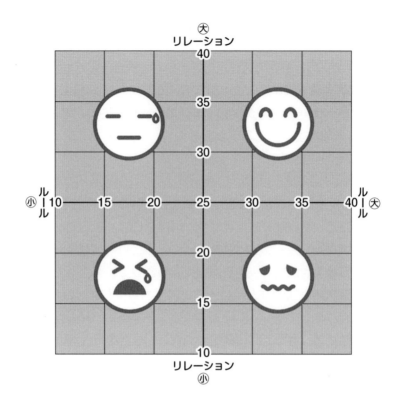

結果の見方

①全体的なバランスはどうか。

　　右上：ルール・リレーション共に○，　右下：ルール○ リレーション△，

　　左上：ルール△ リレーション○，　左下：ルール・リレーション共に△

②一部だけ落ちている項目はないか。

③自分にとっての強みと弱みはわかるか。

④今後どこを重点的に取り組めばよいか目安がもてるか。

ガイダンスとカウンセリングをベースにした学級経営

　新学習指導要領の総則や特別活動編には，「ガイダンスとカウンセリングの趣旨を踏まえた指導を図る」ことが示されています。「ガイダンス」とは，学校生活への適応や人間関係の形成などについて，主に集団の場面で必要な指導や援助を行うことです。まさに特別活動（学級活動）や生活指導・生徒指導などの学級づくり，道徳的実践力を生かす活動に該当します。

　一方，個々の子どもの多様な実態を踏まえ，一人一人が抱える課題に個別に対応した指導を行うのが「カウンセリング」（教育相談を含む）です。その双方の趣旨を踏まえて指導を行うことが大事とされています。

　特に各学年のはじめにおいては，個々の子どもが学校生活に適応するとともに，希望や目標をもって生活できるよう工夫することや，子どもの家庭との連絡を密にすることも大切であると示されています。

ガイダンスとカウンセリング

　ガイダンスとカウンセリングは，子ども一人一人の学校生活への適応や人間関係の形成，進路の選択などを実現するために行われる教育活動です。子どもの行動や意識の変容，一人一人の発達を促す働きかけとしてとらえることが大切になります。

　端的に言えば，ガイダンスとカウンセリングは，課題解決のための指導・援助の両輪です。教師には，双方の趣旨を踏まえて指導を行うことが求められます。いずれも子どもの発達の支援のためのものですので，相互に関連して計画的に行うことに意義があると言えます。

2章では「最高の教室をつくる8つのやまかんメソッド」として，高学年の学級づくりに活用できる次の8つのメソッドの基本形を紹介します。

やまかんメソッド1	児童理解の方法（見取り方）
やまかんメソッド2	ルールづくり
やまかんメソッド3	リレーションづくり
やまかんメソッド4	適切なトラブル解決・課題解決（集団の課題）
やまかんメソッド5	適切なトラブル解決・課題解決（個別の課題）
やまかんメソッド6	カウンセリングスキルの活用
やまかんメソッド7	ユニバーサルデザイン
やまかんメソッド8	保護者対応

大まかな内容は次の通りです。

1 児童理解の方法（見取り方）

児童理解のための観察技法とその工夫，心理検査やアンケートを使った客観的な理解の仕方など，具体的で客観的な児童理解の方法やポイントを示します。

2 ルールづくり

子どもが実感できる「われわれ意識を育む」ための生活ルールづくりのポイントや具体的な活用法などを紹介します。話し合い活動を通してルールを作り上げるやり方も紹介します。一部ソーシャルスキルも活用します。

3 リレーションづくり

リレーションづくりのポイントと，特に有効性が確認されているエンカウンターや心ほぐしミニゲームなどの手軽に取り組める手法を紹介します。アサーショントレーニングでは，ドラえもんの3人の登場人物を例に紹介しま

す。

4　適切なトラブル解決・課題解決（集団の課題）

　高学年で起こりやすい人間関係でのトラブルや日常の生活において学級内で起こる様々なトラブルを，納得のいく解決方法を使って解決した例を具体的に紹介します。

5　適切なトラブル解決・課題解決（個別の課題）

　学級の荒れ・思春期対応など高学年で起きやすいトラブルや課題に対して，主に個別に起こるトラブル対応の仕方について，リフレーミングや問題解決志向アプローチを使った事例を紹介します。カウンセリングの技法も活用したやりとりも紹介します。

6　カウンセリングスキルの活用

　カウンセリングの基本技法を使い，子どもや同僚，保護者と適切にかかわるためのカウンセリングの指導例や開発的なカウンセリングについて紹介します。

7　ユニバーサルデザイン

　合理的配慮とユニバーサルデザインの考え方に基づいた物理的・教育的環境整備が必要とされています。学級づくりにおけるユニバーサルデザインについて，カウンセリングの視点も交えて事例を紹介します。

8　保護者対応

　信頼されるための保護者との関係のつくり方や，電話，面談，家庭訪問など保護者とかかわる際のポイントを紹介します。特に学級懇談会・保護者会にカウンセリングを取り入れるやり方（エンカウンターやシナリオロールプレイ）も紹介します。

2章

最高の教室をつくる

8つの

**やまかん
メソッド**

やまかんメソッド
8つの対応

- ✓ ガイダンスとカウンセリングの考え方を取り入れよう
- ✓ 学級づくりの基礎・基本を知り，手軽に活用しよう

やまかんメソッド① 児童理解の方法（見取り方）

児童理解はアセスメントの考え方で！

　4月の児童理解は，情報の収集（状況把握）から始まります。一概に児童理解といっても，実態把握（アセスメント）の方法は様々ありますが，私はカウンセリングや特別支援などでよく取り組まれているアセスメントの考え方で実施することがオーソドックスでよいと思っています。

アセスメントの意味

　アセスメント（児童理解）は，子どもにどのような指導・援助をするのかを決定するために必要な情報を収集・共有・判断・検証するプロセスと言えます。

　アセスメントは，様々な情報を共有し合いながら，
「現時点ではこういう状況かもしれない」
「このかかわり方が有効かもしれない」
という仮説を立て，実際の対応によってその仮説を検証，修正していく営みとしてとらえることができます。

　主な3つを紹介します。

▨ 行動観察法

　学級内の子どもの行動を観察し，その記録を分析する方法です。行動観察では，できるだけ客観的な記録をとることが大切です。留意点としては，観察の視点を明確にすること，そのときの周囲の反応も観察すること，場合によっては頻度や間隔に着目すること等が挙げられます。

▨ 面接法（聞き取り）

　保護者や本人，関係者から直接的に情報収集する方法です。相手との関係をつくりながら，傾聴・共感・受容といった態度で聞いていきます。「子どもを十分に伸ばすために，お互いに協力し合いましょう」（共感的な理解）という姿勢が大切です。

▨ 心理検査法

　最近では学級集団と個人との関係を客観的に調査する方法としてQ－UやKJQ，アセス等の心理検査が開発されています。それらを活用して，客観的なデータを収集し，子どもや学級の状態及び発達段階や特性を明らかにする方法です。集団意識調査や社会生活能力検査等，様々な検査があります。

　アセスメントのためには，大きく分けて３つの分野の情報を集めます。

1「その子ども個人」の情報
2「その子どもを取り巻く他者や環境」の情報
3「その子どもと他者や環境とのかかわり」の情報

　それぞれのチェックポイントは次の通りです。

✓check! 「その子ども個人」の情報

☐ 学習面，進路面，生活面において，よいところや苦しんでいるところは？

☐ どのような状況のとき，どのように感じ，考え，行動したか？（具体的に）

☐ 得意なことや興味があること，優れている点，ウリは？（強みと弱み）

✓check! 「その子どもを取り巻く環境」の情報

☐ 家族構成や家族の特徴は？

☐ これまでの学校生活での特徴的なエピソードは？

☐ これまでに同じような経験は？　そのときの乗り越え方や有効だった方法は？

✓check! 「その子どもと他者や環境とのかかわり方」の情報

☐ 問題行動が起こったり，継続したりする場面状況は？

☐ 誰が，どのようにその子どもをサポートしたり，力になれたりする？

☐ これまでのかかわりの中で，効果的だったことや役に立ちそうなことは？

情報の判断（対応方針の決定）

共有された情報をもとに，次のことをチームで判断していきます。

○誰が，どのようなときに，どのように「苦戦」するのか？

○誰が，どのような援助ニーズをもっているのか？（弱み，強み）

○どのような指導・援助方針や目標をもつか？

情報の検証（方針や対応の検討・修正）

対応方針に基づいて実行策を決定し，さらにその検討や修正をしていく際のポイントです。

①誰が，誰に，いつまでに，何をするかを決定し，実行する。

②次回チーム会議の場で，うまくいった点，改善が必要な点，新たな方策が必要な点を話し合い，①の形で次の対応を実行する。

定点観察と移動観察を大切に！

　前述の視点は，毎日生活を共にしながら，徐々に理解していくことになりますが，毎日手軽にできることに「定点観察と移動観察」があります。

　筆者が銀行員時代に，窓口（テラー）を担当していたときに，自分から見えるお客様の様子と，ロビーから見られている自分たちや店内の様子の両面を見ることで，気付いていなかったことや気になったことを改善したという経験から実施したものです。

　定点観察は，教師が前に立ったときに見ている子どもの様子で，表情や気持ちを理解するのに適しています。

　移動観察は，意図的に子どもの横や後ろに行き，姿勢や手足の状態から様子を観察することができるものです。

　観察して疑問に思ったことや気になったことは，付箋紙にメモ書きして後で個人ファイル（ノート）などにまとめて使用します。

　その後，心理検査で疑問に思ったことの解決に役立てたり，必要な場合は，意図的に面接をしたりして，子どもの内面の理解に役立てることができるのでおすすめです。

やまかんメソッド② ルールづくり

生活ルール・子どもの内なる思いの表出

　学級のきまりや約束と呼ばれる規則的なものは，子どもたちが守らなければならない「表」のルールです。一方，高学年の学級づくりで大切にされる「生活ルール」は，担任と子どもたちで創り上げる「内」なるもので，学級の質を高めるものになります。俗に言う「学級の雰囲気づくり」です。

　私は２つの「じりつ」，「われわれ意識」の醸成，支持的学級風土，安心・安全・安定な「生活ルール」，失敗や間違いが許されることの５つが大切だと思います。

２つの「じりつ」

　学級経営の目標として肝心なのが，各々の学年ごとに子ども自身が「自立」することです。

　その前提に必要なのが，自分を律する「自律」だと私は思います。自律とは，他からの支配や助力を受けず，自分の行動を自分の立てた規律に従って正しく規制すること（三省堂大辞林）です。

　学級の状態の一つで「管理型」「なれあい型」の学級風土があるとすると，２つの「じりつ」は成立しません。なぜならルールが教師からの一方的な指示（力関係）であったり，規範意識が育ちにくい環境（気さくな友達関係）であったりするからです。

「われわれ意識」の醸成

　進級の喜びや不安の解消を基盤に据えた学級経営で大事なことは，「ルールとリレーションのバランスのとれた学級経営を心がける」ことです。

高学年になると，意欲・興味をもち，自発的な行動を促される場面や事柄が増えていきます。中学年では見られなかった，新しいコミュニティや経験への興味・関心が芽生えはじめ，自分や家族，近しい友達から，さらに他者へと広がっていきます。友達関係も2〜3人の活動から5〜8人程度の仲間として協力できるようになり，学級の雰囲気も意識するようになります。

支持的学級風土とは

　支持的学級風土とは，学級の子どもたちが感じ受容する，教室を支配する雰囲気をさす言葉です。風土は，集団の雰囲気のことで，学級におけるよき風土づくりが学級経営上の切実な課題になります。

　この風土は，防衛的風土と支持的風土の2つに分けられ，前者が拒否的，攻撃的，対立的な集団関係にあるのに対して，後者は親和的，許容的，安定的な集団関係を助長し高めるといわれています。学級の子どもたちにとって望ましいのは，支持的風土の支配する環境が整えられた状態だとされています。

安心・安全・安定な「生活ルール」

　高学年の子どもたちが，不安や悩みを感じることなく生活できる学級を創り出すことができることが生活ルールの鉄則です。私の考える生活ルールのベースは次の3つです。

①どの子どもにとっても居心地がよい学級風土（安心）
②失敗や間違いが気持ちよく受け入れられる学級風土（安全）
③学び合いのある風土（安定）

〔子どもたちへの具体的な提案例〕
①クラスのみんなが，いつも笑顔でいる。
②「失敗」や「間違い」を笑ったり馬鹿にしたりしない。
③困ったときに助け合う。

失敗や間違いが許される？

　人と人の間（人間関係）には，失敗や間違いが起きる場合もあるということを認識した上で，ルール上の多少のゆるみがあると，一定の心理的距離を保つことができると思います。それが友達関係での信頼感や関係性を保ちます。
　〔合言葉の例〕
　教室は失敗してもいいところ・勉強を間違えてもいいところ

高学年生活ルールチェック例

Check! **生活ルール～道具・教室環境編**

☐ 靴箱（かかとをそろえて入れる）
☐ 傘立て（しっかり巻き付けて開かないように）
☐ ロッカー（入れる物と入れ方を決める）
☐ 帽子掛け（上下左右で互いに気をつかう）
☐ 共用の道具〈マジック・鉛筆削り等〉（位置を指定する・向きをそろえる）
☐ 給食着掛け（番号順になっている）
☐ 掃除ロッカー・雑巾掛け（整えて置いてある）

Check! **生活ルール～メンタル編**

☐ 給食・掃除は全員が主役（当番だけでなく，仕事分担がない人も共に働く）
☐ 係活動（やったことへの評価をもらう）

☐ 朝の会・帰りの会（一日の生活の様子がわかる／不満や苦情はその日のうちに解決・解消）

☐ 言葉づかい（原則は敬語と丁寧語）

☐ いじめはないか（しぐさや言動）

Check! 学級のルールづくりのポイント

☐ 学校・学年のルールと整合性が保たれているか

☐ 子どもが，学級をよくするための必然性を感じていることをルールとしているか

☐ 子どもの成長に合わせて，学級のルールを見直す話し合いの機会を設けているか

☐ 叱るときに明確な基準を設けているか
（例えば，けがや命の危険につながる行為をしたとき・悪口や嫌がらせなど，いじめや差別につながる行為をしたとき・同じことを３回指導されても改善しないとき）

☐ ルールを守ることの大切さに気付かせる活動や言葉かけをしているか

　行事等を通して子ども一人一人が自分自身の成長を実感したり，学級や学年のまとまりを感じたりするなどして「われわれ意識」を育むことができるようにさせたいものです。

やまかんメソッド③ リレーションづくり

子どもはよい集団の中でこそよりよく育ちます！

　よい学級集団には，ルール（規律）とリレーション（親和的な交わり）がバランスよく保たれています。ルールの確立とは，対人関係における約束や集団での活動の仕方が全員に理解され，行動として学級内に定着していることであります。

　一方，リレーションの確立とは，ふれあいのある本音の感情交流がある状態のことをいいます。

　よって，学級集団に支えられて個が育ち，個の成長が学級集団を発展させるという相互作用により，子ども一人一人が大きく成長します。

　ルール（規律）には，「共有する目標や約束事がある」「一人一人に役割や役割意識がある」「その学年・学級に応じた秩序がある」の３つが必要です。

　リレーション（親和的な交わり）には「互いに認め合う関係がある」「互いに助け合う関係がある」「本音の感情交流がある」の３つが必要だといわれています。

エンカウンターをやれば解決？

　リレーションづくりの代名詞といえばエンカウンターです。エンカウンターは，用意されたエクササイズを実施し，その後にシェアリングを実施することで，リレーションを促進するといわれています。全国の教育現場や学校等で認知され，それぞれ実績を上げています。

　かくいう筆者も，エンカウンターを学び，実践し，その成果やよさを，書籍（※参考にできる図書参照）や研修会，セミナーなどでお伝えしてきました。

　よく質問されることに「リレーションを促進するのに有効なエンカウンターは，何年生で実施するのが大切ですか？」というものがあります。

多くの方は高学年で実施することがよいとお考えのようですが、「10歳の壁の課題を考えるとき、おすすめは中学年からです」と返答しています。

学級の実態＋教師のかかわり方

下図は、ルールとリレーションの関係を、指導性と援助性の大小で表した図です。

「ルール・指導性」が大きい場合は、教えることが多くなり、教師の積極的なかかわり方が自然に増えることになります（タテの関係）。

一方「リレーション・援助性」が大きい場合は、任せることが多くなり、教師のかかわりは少なくなり、メンバー中心のかかわり方が増えることになります（ヨコの関係）。

図からわかるように、指導性と援助性が統合されて発揮されることで、それぞれの学級の実態に応じて軽重のバランスを考えることが大切であると思います。

カウンセリングの考え方では、教師がリーダーシップを発揮する内容は、場面によって変わってくるという意味があり、グループワーク（役割関係志

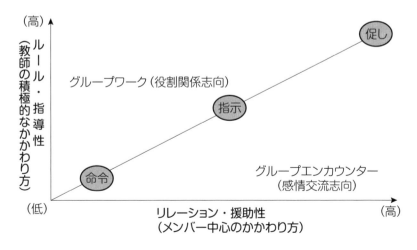

向）とグループエンカウンター（感情交流志向）の２つに分けられます。

　指導も援助も実態に応じて対応すればよいので，思春期の対応を考えると，高学年はルールを尊重しながらも「リレーションづくり」をメインに取り入れることで，心が育ち，メンバーが自分たちで問題解決できるようになります。

高学年のリレーションづくりのポイント

　リレーションづくり（親和的な交わり）には，「互いに認め合う関係がある」「互いに助け合う関係がある」「本音の感情交流がある」の３つが必要だと前述しました。

　では，高学年では具体的にどのようなことに配慮して実践するとよいのでしょうか。

　子どもが学校で最も長い時間を過ごすのは授業時間です。日々の授業でのかかわりを少し意識した，高学年の子どもに合ったリレーションづくりのポイントを紹介します。「担任自身のかかわり方の配慮」「環境設定の配慮」「エクササイズやゲーム，レクリエーションを実施する」の３点です。

担任自身のかかわり方の配慮

　・発言やがんばり，よさを多面的に認め，紹介する

　・目立たない子の意見も意図的に取り上げる

　・間違った答え，失敗した言動も大事にする

　・友達の意見にうなずいたり拍手したりするよう促す

環境設定の配慮

　・自分の考えをペアやグループ内で発表する活動を多く取り入れる

　・授業の最後に，わかったことや感想，なるほどと思った友達の意見を言う振り返りの場を設定する

・朝の会・帰りの会で，子どもたち同士が認め合える場を設定する

・一人一人に役割のある班活動や当番を取り入れる　等

エクササイズやゲーム，レクリエーションを実施する

　学級活動を利用して，学級の楽しいイベントを子どもたちの手で企画させたり，授業の導入，朝の時間・帰りの時間などを利用してゲームやエンカウンターのエクササイズに取り組んだりすることもリレーションづくりに有効です。ショートやミニ（短時間）で実施することもおすすめします。

・質問じゃんけんやサイコロトーキングなどのエクササイズ

・グループ対抗○○合戦やビンゴ等（学習ゲーム）

・学級○○大会（集会やイベント）

〔参考にできる図書〕

・國分康孝監修，八巻寛治他編集『エンカウンターで学級が変わるショートエクササイズ集／part 2』図書文化

・八巻寛治『構成的グループエンカウンター・ミニエクササイズ56選　小学校版』明治図書

・八巻寛治『小学校学級づくり　構成的グループエンカウンターエクササイズ50選』明治図書

・八巻寛治『心ほぐしの学級ミニゲーム part 2　みんながなかよくなれる学級ゲーム』小学館

・八巻寛治『エンカウンターの心ほぐしゲーム』小学館

やまかんメソッド④ 適切なトラブル解決・課題解決(集団の課題)

意識のずれの解消を基盤に！

高学年のこの時期に多いトラブルの特徴はありますか？
高学年では，どのようなことに気を付けて対応するといいですか？

　学級内で起こる様々なトラブルは，解決が急がれる場合が多いですが，子どもたちが成長するチャンスととらえることもできます。

　子どもが自らの力で，クラスで団結して，トラブルを解決できれば，それは課題解決における「主体的で対話的な学び」としてとらえられます。

　冒頭で紹介したように，低学年は小1プロブレム・中間反抗期，中学年は9歳の壁・10歳の壁を越えた後に，高学年では学級の荒れ・思春期対応といわれる課題があり，友達と仲良くしようと自分なりに努力してルールの意識を高くもっても，ふれあいが小さい場合不安や不満が残りやすくなります。

　多くの場合，お互いの意識のずれが原因である場合が多いので，進級の喜びを維持しながらも，安心して登校できるような，不安や悩みの解消を基盤に据えた学級経営を行っていきましょう。

トラブルも「想定内」

　トラブルと聞くと，問題のある学級と思われないか不安になり，慌てて対応・対処しなければならないと考えがちですが，高学年ではあって当たり前，「想定内」ととらえましょう。

　よい学級とは，問題のない学級ではなく，「問題を自分たちのことととらえ，どのように解決できるか」にあります。「失敗」や「間違い」は，自分たちにとって新しい課題であることを認識できるように配慮しましょう。

活動１：「貸し借りで起こるトラブル」

ねらい…友達との貸し借りで起こりがちなトラブル場面をもとに，貸した側と借りた側の間に意識の違いがあることや，伝え方が適切だとトラブルになりにくいことに気付くことができる。

問題の意識化

(1) 忘れ物をしたときに，「貸し借りで起こるトラブル」があることを振り返る（筆記用具等）。

〔絵具セットの貸し借りエピソードの例〕

・いつも忘れて借りに来る

・使って汚したまま返されるので自分が使うときに気持ちよく使えない

(2) 貸してあげる役Ｂと借りる役Ａになって，「絵具セットの貸し借り」をテーマにシナリオロールプレイする（活動①）。

〔状況設定のシナリオ例〕

　Ａさんは，図工の時間に絵具セットを忘れてしまうことが多いので，幼なじみの隣のクラスのＢさんのところに借りに来る。

　最初の頃は仕方なく貸していたＢさんだが，Ａさんが使って汚したまま返すので，Ｂさんが使おうとしたときに使えなくなってしまった。

　何度か気を付けるように言ったが，相変わらずそのまま返してくる。Ｂさんは，Ａさんを傷つけないように言いたいと思っているのだが……。

※Ａ，Ｂのやりとりを中心に，観察者的な立場で2人の気持ちを理解できるように配慮する。

(3) ロールプレイの様子から，気付いたことや感じたことを発表する（ロールプレイして，ロールプレイを見て）。

振り返り「解決方法の自己決定」

(1) トラブル場面のロールプレイから，Ｂ役の立場で，相手にわかりやすく

気持ちを伝えるにはどのようにしたらよいかという視点で, 気付いたこと, 感じたこと, 提案したいこと等を振り返り発表する。

(2) 出されたことをもとに, 自分だったらどのように伝えるかを自己決定する。「自分もよく相手もよい解決の方法」を確認し, ロールプレイする（活動②）。

　※主張的に相手に気持ちを伝える方法がよいことを確認する。

(3) 「トラブル解決」のためのポイントをもとに, 実践した活動②が活動①とどのように違っていたか, 話し合いで出た気付きや感想, 実感したことを発表しあう。

活動２：課題解決のロールプレイ「質問する」

ねらい …相手の感情を知って折り合いをつける。

インストラクション

教　師　昨日の学級活動の話し合いの時間に, Bさんが質問されたときに, Aさんと口げんかになってしまいましたね。「質問」にはどのようなものがあるのか知って, お互いのためになるようにしましょう。

Bさん　ぼくはAさんから質問されたときに質問と言いながら, それはダメだと言われているような気がしました。

Aさん　私はそんなつもりはなくて, どうしてそう考えたか聞きたかっただけでした。Bさんが涙目になってびっくりしました。

教　師　AさんはBさんの気持ちを聞こうとしたようですが, 自分の考えが入っていて, Aさんが意見を言っているようでした。そうなると相手は非難されているように感じてしまう場合もありますよね。
　　　　　そうならないような質問の仕方を学びましょう。

(1) 「質問」の種類と仕方を覚える。

　質問には「ハイとイイエ」や一言で答えられる質問と, 相手の気持ちを知る質問がある。

相手のことをわかるための質問としては「もう少しくわしく言うと？」「たとえばどういうこと？」などの促し方がある。

(2)　代表児童がロールプレイをする。

A　役　Bさんに質問します。みんなで休み時間に遊ぶということですが，どうなると成功したことになるのですか？

B　役　遊びたいことをみんなからアンケートして何をやるかを決め，ルールも決めます。やってみて振り返りをして全員満足したら成功です。

振り返り

(3)　ロールプレイを見て振り返り，自己決定する。

Aさん　質問はただ聞けばよい，簡単だと思っていましたが，相手の考えを否定したりしてしまうことがわかったので，気を付けて使いたいと思います。

Bさん　ぼくは質問するとき「なぜ」「どうして」と聞いて，「強く言わないで」と言われたこともあるので気を付けたいです。

やまかんメソッド⑤ 適切なトラブル解決・課題解決(個別の課題)

対人関係でトラブルが多い子

　高学年の学級の中には，自分の立場ばかり主張してしまう子，こだわりが強く周りを認めようとしない子，場の雰囲気が読めず浮いてしまう子，相手の気持ちを理解しようとしなかったり，理解できなかったりする子等のような，個性的な言動をするように見えてしまう子がいます。

　場合によっては，自己中心的，わがまま，自分勝手等と否定的な見方をされてしまう子どもたちもいます。

　実は，このような言動は，まだ発達途上にある高学年の子どもたちにとって，極めて重要なサインとしての表現なのだということが，往々にしてあります。

　序章の図でも触れたように，幼児期に目覚めた自我は，3・4歳頃に「決まり事」「約束事」として生活する上でのルールを把握し，安全・安心な環境にするために必要なことと理解しはじめます。

　「○○してはいけない」「○○はダメなんだよ」のように，ルールがある中で生活する経験をしていくと同時に，周囲に許容される範囲や相手との関係性(リレーション)，心理的な距離を少しずつ学んでいきます。

　自我は，自分の存在を確認することや，自分に自信をもつことを通して，苦手な学習や生活場面にも進んでチャレンジしようとするやる気や意欲をもつきっかけになるほか，学習や行動の間違いを修正する力の発揮にもつながります。

　低学年でも，幼児期後半(4・5歳児)の延長線として，自己主張が強すぎてトラブルになる子が多いのですが，やがて多くは中学年になり，学校生活に慣れるとほとんどの子が相手との関係性を把握できるので，落ち着きが見られるようになります。

　反面，高学年になってもいつまでも自己主張傾向が強く，些細なことでも

友達とトラブルを繰り返す子もいます。ほとんどの場合，行動面での幼さが指摘され，「相手の気持ちをもっと考えなさい！」という指導を受けるようです。

　休憩時間の直後，いわゆる授業の導入前の時間に，このような場面によく出くわします。先生は戒めの気持ちを込めて多少厳しめに，そして本人が納得した（ように見えた）のを受けて授業が始まります。ところが，またしばらくすると同じような場面があって，同じように注意を受けてしまうのです。

　当事者同士を呼んで，クラスのみんなから少し離れたところで言い分を聞いているような場面を見かけることもあります。でもなかなか互いの意見の食い違いが埋まりません。次第に授業の遅れを気にし出した先生が，たまらず「双方痛み分け」の裁定を下します。納得させたように見えて，実は互いの気持ちにさらに火をつけていた……なんてことも珍しいことではありません。

　高学年の学級づくりでは，ルールとふれあいが醸成されるよう同時にバランスを保ちながら取り組むことが必須の要件になりますが，個別の課題についても，何を，どのように指導・支援していけばよいかのポイントをおさえて指導することをおすすめします。

リフレーミングで子どもの姿を肯定的にとらえよう！

　心理療法の一つに「リフレーミング」があります。

　リフレーミングとは，ある出来事や物事を，今までとは違った見方をすることで，それらの意味を変化させて，気分や感情を変えることです。

　たとえば，授業中に失敗したときに「自分はダメだ」と見るか，「次のためによい経験をした」と見るかで，感じ方が変わります。心理療法のほかに，学校の授業やライフスキル教育などでも活用されています。

対応の具体例：リフレーミングで子どもの見方を変える

　「行動の背景」を考えてリフレーミングしてみましょう。

些細なことでけんかをしてしまう

登校前に父親から強く叱られた？
自分の思いを言葉でうまく伝えることが難しい？

授業中にたびたび立ち歩いてしまう

注目してほしい？　授業内容がわからない？

授業中うわの空でいることが多い
聞いて理解するより見て理解する方が得意⇒視覚支援の活用

　さらに個別の課題・個人的な課題に対応するには，下記を参考に「解決志向アプローチ」を使ってみましょう。

【解決志向アプローチの基本哲学】

1 もしうまくいっているのなら，それを直そうとするな

2 もし一度うまくいったのなら，またそれをせよ

3 もしうまくいかないのなら，なにか違うことをせよ

解決志向ブリーフセラピー

　具体的には「ソリューション・イメージ」「リソース探し」「とりあえず探し」の３つを使用することが多いと言えます。

①ソリューション・イメージ（解決像）

　・過去思考→未来思考への変化

　・問題ばかり見る→解決策を考える変化

　・うまくいかない自分→うまくいく自分を見つける

②リソース探し

　・ないものから→あるものへの視点の強化

　・弱みから→強みを見つける

　・今の悪循環を見る→かつての良循環を探す

③とりあえず探し

　・やらないこと→やることを探す

　・できないこと→できることを探す

　・やりたくないこと→やってもよいことを探す

　３つの質問から得られる変化で，うまくいく対応の仕方を目指していきましょう。

やまかんメソッド⑥ カウンセリングスキルの活用

カウンセリングの３技法を駆使して合意形成

　学級活動の話し合い活動や道徳の授業，トラブル場面などでは，解決策の提案理由やそれぞれの主張を踏まえ，自分もよくみんなもよいものとなるよう合意形成を図り，決まったことをみんなで協力して実践できるように適切な指導をすることが大切だといわれています。

　高学年になると，自己主張できる時期でもあり，なかなか折り合いをつける話し合いにもっていくのは難しくなります。

　私のおすすめはカウンセリングの３つの技法（傾聴・応答・質問）を順序に従って使用し，合意形成することです。

　第一段階の「傾聴技法」では，提案者の気持ちを"わかろうとする"こと，第二段階の「応答技法」では，"わかったことを伝える"こと，第三段階の「質問技法」では，"さらにわかろうとする"というプロセスを経ることです。

話し合いにおける「傾聴」の意図と効果

　傾聴技法は，相手の話に関心をもち，相手の話に意識を集中して，自分の主観や価値判断の表明は後回しにして，相手の身になって理解しようとすることです。

　効果としては，「自分の話をじっくりと聞いてもらえることで，心が落ち着き，安心する」「相手の人と心理的な距離が縮まった感じがする」「しっかり聞いてもらえることで，相手に大切にされていると感じる」「自分は自分でいいんだと思うことができる」などがあります。

話し合いにおける「応答」の意図と効果

　応答技法は，相手の経験したこと，感じていること，望んでいることなどを，できるだけ的確にとらえること，そしてそれを相手に伝え返して確認することです。

　効果としては，「話を聞いていること，理解していることを相手に伝えることができる」「話したことや自分の気持ちをわかってもらえることで，励まされた，受容されたと感じることができる」などがあります。

話し合いにおける「質問」の意図と効果

　質問技法は，相手の言いたいことをはっきりさせたり，考えを導いたりするもので，質問すること自体が"援助"にもなりえます。

　効果としては，「より気持ちをはっきりさせることで，主張したいことに気付く」「相手を理解しようとする積極的な関心を示すことになり，疑問や不安を解消するのに役立つ」「自分の考えや気持ちに気付き，整理できる場合もある」などがあります。

　右図は，合意形成を意識した「対立解決モデルの概念図」です。

　合意に至らない場合，右下の「あきらめる」左上の「戦う（対決する）」，中には左下の「逃避する」ケースも出てくるかもしれません。

　そのような話し合いになると，関係性ができていない場合「自分が言っても取り上げられない」「自分の居場所がない」などと不満を感じやすく，高学年では自ら発言しなかったり，他者任せになってしまったりする場合もあるので，気を付けて指導にあたりたいものです。

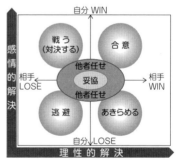

対立解決モデルの概念図（八巻案）

相手の気持ちを「聴く」ミニゲーム：「相手の考えを知り，折り合いをつけよう」

ねらい　学級内で起こりがちな「掃除当番をさぼる人がいる」ことを題材に，「聴く」ことを通して級友のとらえ方に気付き，解消のスキルを身に付けることができるようにする。

身に付く力　他者への肯定的な理解

ミニゲームのやり方

(1)　掃除の時間にもめてしまった場面で，互いの言い分や不安・不満な気持ちを知り，相手の話を「聴く」ことを通して，互いの心情に気付きやすくするように，傾聴→応答→質問の技法を使って取り組む。

(2)　教師がインタビュー形式で「聴く」モデルを示す。

【傾聴】

・Ａさんは，掃除のときにＢさんとＣさんがしゃべっているのは，掃除をさぼっているんじゃないかと思ったのですよね。

・ＢさんとＣさんは，自分のやることが終わったから，おしゃべりをしていてもいいと思っていたということですね。

※それぞれの言い分を聞く。

【応答】

・Ａさんは班長として，掃除のときに自分のことが終わったら，終わっていないところを手伝うべきだと思ったのですよね。

・ＢさんとＣさんは，自分の分が終わったのだから，みんなが終わるのを待っていていいと思っていたのですよね。

※自分の気持ちや考えを受容してもらっていると気付く。

【質問】

・みなさんはＡさんの立場で，ＢさんＣさんの気持ちを聞いて，どう思いましたか？

・ＢさんとＣさんの立場になるとどのように思いますか？

※当事者同士に相手の立場で聞くことも有効。

※折り合いをつけることが大切であることに気付く。
　・Aさんは，みんなの考えを聞いてどう思いますか？
　・BさんとCさんは，みんなの考えを聞いてどう思いますか？
　※当事者に折り合いをつけさせたり，解決に向けて促す。
(3)　不安や悩みを解消する手順を確認する。　最初から自分の考えや意見を
　　言うのではなく，「傾聴」「応答」「質問」の順で聞く（気持ちを確認する）
　　ことで，それぞれの言い分を整理しやすくなることを確認する。
(4)　やり終えたら，全体で振り返りをし，今後自分はどのようにするか自己
　　決定する。

　教室内で起こりがちなトラブル場面では，当事者双方が主張し合う中で，
自分の考えを承認してほしいと思いがちです。一連の流れを経ることで「承
認されない不満」への効果が有効に作用します。

> **Point**
> ○ありがちな生活場面のトラブルを通して，不安や不満を一旦受容して
> 　話し合いをすることで，共感的に理解してもらっていることに安心感
> 　を得やすい。
> ○場面の状況確認から互いの「言い分」と「言い訳」の違いや，生活ルー
> 　ルを確認して今後に生かすことを実感できるので，不満が残りにくい。

〔参考にできる図書〕
　・八巻寛治『社会的スキルを育てるミニエクササイズ基礎基本30』明治図書

やまかんメソッド⑦ ユニバーサルデザイン

ユニバーサルデザイン7つの視点

「すべての子どもが尊重される学級経営」を目指すために，子どもを深く理解することが，適切な支援につながることは言うまでもありません。ユニバーサルデザインでは，次に挙げる「7つの視点」を主な実践課題とすることが大切だとされています。

1 教室環境への配慮
2 わかりやすい学習や生活のきまりづくり
3 友達とのよりよい関係づくり
4 授業構成の工夫
5 教師の話し方，発問や指示の仕方の工夫
6 板書，ノートやファイルなどの活用
7 教材・教具の効果的な選択

7つの視点に即して授業づくりや学級づくりをしていけば，個性豊かな高学年の子どもたちでも，心地よく一緒に生活したり学習したりすることができます。配慮のある指導で，一人一人の子どもが自分の「心の居場所」を見つけ，お互いに認められる安心感を実感することができます。ご自身でやれることから実践していきましょう。

安心できる，居心地のよい学級づくり

「安心で，居心地のよい学級づくり」とは，集団で生活する子どもたちにとって，わかりやすく目的意識をもって生活していくことであると思います。
　高学年では，次の2点を重点にすることをおすすめします。

> ・一人一人の子どもが目的意識をもてるよう，学級の目標やルールを
>   わかりやすく示す
> ・一人一人が活躍できる機会をつくる

　教師と子ども，子ども同士の人間関係を促進する手立てを積極的に考え，日頃のかかわりの中で子どもにできるだけ多くの肯定的メッセージや励ましの言葉をかけていくことが大切です。

　「安心できる，居心地のよい学級づくり」のために大切なポイントを紹介します。

学級の生活ルールの明確化

　支援を必要としている子どもにとって，「何をしたらよいかわからない」環境は，居心地が悪く不安であり，悩みを増幅させ，生活を困難にさせてしまうことが予想されます。すべての子どもたちにとって生活ルールは，安全で安心して過ごすためには必要なことです。

生活ルールは見える形で示す

　生活ルールを示す際は，口頭だけだと必要な情報が消えていき，聞いて理解するのが苦手な子どもにとっては守ることが難しくなります。そこで，毎日繰り返される係活動や清掃，当番活動，学習の準備などでは「何のために，何をどこまで，どのようにすればよいか」という目的と方法，始まりや終わりの時間など，集団生活でのルールを文字や絵で明確にしておくことが大切です。

　例えば清掃では，清掃場所，分担，範囲，道具，手順，終了及び後片付けの確認方法などを，絵や文字，写真などで提示しておきます。この支援はどの子どもにとってもわかりやすく，目的を意識し主体的に活動することがで

きます。また，支援が必要な子どもが困っている際にも，視覚的支援があると，どこまで理解していて，何に困っているかを把握することができます。

ルールを守ろうとする意識を育てる

　ルールは学級の子どもたちが心地よく過ごすために必要なものです。しかし，守ることだけを強く意識すると，できない子どもは集団から外れた子としてとらえられがちです。例えば，チャイムがなってもまだ廊下にいる子に対して，教室に入れるよう学級の子どもたちがカウントダウンをして席につくことを促し，「みんなが待っているよ」というメッセージを送るなどの工夫も大切です。そしてルールを守ろうとしている姿を認めることで，集団の一員であることとルールの大切さを意識できるようにしていきます。

どの子にもわかりやすい教室環境づくり

　子どもたちが毎日生活し，学習する場所である教室では，給食や清掃，係活動など視覚的に提示しておく必要のあるものがたくさんあります。

　しかし，学習の際には，黒板のある教室前面にいろいろなものが貼ってあったり物が置いてあったりすると，視覚的な刺激が入りやすい子どもにとっては，集中して学習することが難しくなりがちです。誰もが安心でき，わかりやすく，整然とした教室となるような工夫をしましょう。ここでは筆者の学校で見つけた教室環境の工夫をチェックリストにしてみました。

Check! 教室内壁面等

□ 教室前面の黒板の上の壁面には，必要なものだけを掲示している
□ 黒板の両サイドの壁面には，時間割など年間を通して必要なものだけを掲示している
□ 教室前面には，提出物のかごなど，必要なものだけを配置している

□ 教室後方の壁面は活用の仕方が決めてあり，作品を整然と掲示している

Check! 日程や予定

□ 一日のスケジュールは確認しやすいよう，教室の前面の黒板や定位置に配置した補助黒板に，必要に応じて写真や絵で教科や場所を示している

□ 時間割は文字と絵，教科別の色分けなどの工夫をし，わかりやすい配慮をしている

□ 校外学習や学習発表会などのスケジュールや学習内容を掲示する場所が決めてある

Check! 当番活動

□ 給食，掃除などの当番は，手順や内容，担当者がわかるよう顔写真などで示している

□ 掃除用具入れには，用具の数や置き場所を文字や絵，数字などで示し，片付け方がわかるように配慮している

□ 掃除の手順支援として，床や壁面に「何をどこまでするか」をマークや文字で表示している（掃除箇所の範囲，始まりと終わりなど）

□ ゴミ箱は，分別の種類を絵や文字で表示している

Check! 個人の荷物等

□ 個人ロッカーは，整理の仕方を絵で示して確認できるようにしている

□ 机の中に片付ける物の配置などを絵や写真で示している

□ 机の位置を示すマークを床にテープなどで示している

Check! 個別支援・配慮

□ 必要に応じクールダウンエリアを設置するなど，落ち着ける場がある

□ 座席の配置は，支援が必要な子の状態を配慮できる位置にしている

やまかんメソッド⑧ 保護者対応

共に育てる "共育て" の感覚で

　私たち教師は，教育のプロであるという視点で考えると，評価を受ける必要があります。評価者は子どもたちであり，保護者でもあります。

　特に保護者は，私たちに対して，一定の教育活動や，子どもたちにどんな力がつけられたかを評価することになります。

　よって，様々な方法で保護者に対して説明をして同意を得ること（インフォームドコンセント）と説明責任（アカウンタビリティ）を求められることになります。

　その意味で保護者は私たち教師の日常の教育活動のよりよい改善点を，具体的に教えてくれる存在です。教師と保護者は共通認識をもって子どもたちの成長を援助することが求められます。

　共に子どもの課題解決や問題解決を通して互いに成長する立場にもあるということも認識し，共に育てる "共育て" の感覚で連携していきたいものです。

クレームは期待の裏返し？

　保護者から連絡がある場合，事務的な連絡以外の多くは，我が子や知り合いの保護者などから聞いたことに対しての様々な要望や要求，疑問や苦情などであり，電話や直接会いに来るなどのケースもあります。

　それぞれのケースの立場や状況を確認してみると，保護者が学校や教師に対し困ったことを訴えたり相談したりする背景には次のことが考えられます。

　　・困っていることを確認・相談することで，現在ある自分の不安な状況を
　　　解決・解消したい。

　　・悩みや問題に対応・対処し，しっかり解決することで，子どもが安心し

て学校に通える保証を得たい。

　一見クレームに感じるような内容ですが，子どもの行動様式や社会環境の変化，保護者の価値観の多様化などもあるので，我々教員に向けた期待の裏返しと思い，しっかり応え，きちんと対応，説明していきたいものです。

高学年の保護者の思いや願い

　高学年に限らず，ほとんどの保護者の思いや願いは，安全で安心な環境で生活できることを前提に，「勉強がわかること」「友達とよい関係でいること」「先生とよい関係でいること」の3点がポイントになると思います。

　高学年の保護者の，主な思いや願いを聞いてみましょう。

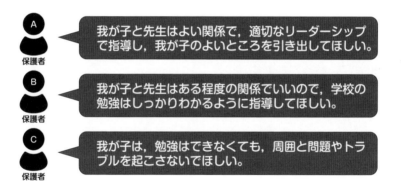

A
保護者
我が子と先生はよい関係で，適切なリーダーシップで指導し，我が子のよいところを引き出してほしい。

B
保護者
我が子と先生はある程度の関係でいいので，学校の勉強はしっかりわかるように指導してほしい。

C
保護者
我が子は，勉強はできなくても，周囲と問題やトラブルを起こさないでほしい。

　担任としてはAさんのような前向きな願いをもってほしいですが，Bさん・Cさんのように思う方も出はじめます。そのためにも，しっかり関係性をつくり，説明責任を果たしたいものです。

説明責任を果たすために

　カウンセリングでは，「人は問題を解決する過程で成長する」と考えられています。保護者対応もそれをベースに考えてみましょう。

教師と保護者が子どもの成長のために共通理解をし，それぞれ何ができる
か，しっかり現状を把握した上で，対応・対処したいものです。

　右図は保護者対応の基本モデルで
す。ベースには「①保護者と教師の
リレーション」があります。「②課
題は何かを把握」します。その際，
保護者と教師それぞれで考える課題
を確認した上で「③解決に向けての
作戦会議」を開くという一連のモデ
ルです。

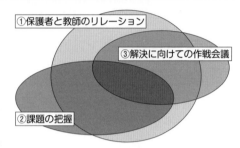

保護者対応の基本モデル

　電話対応でも，面談や家庭訪問でも，保護者に対応する際には，保護者と
教師のリレーション（関係性）がどの程度とれているかによって，その後の
対応の仕方が変わってきます。
　前述の保護者の思いや願いを例に，対応の違いを紹介します。

▨ 保護者Aさんへの対応

①保護者と教師のリレーションづくり

　ある程度信頼を向けてもらっている関係であれば，担任としての考えや気
持ちを自己開示するとよいです。担任がどのような人間かがわかった方が保
護者は心理的な距離を近く感じ，相談しやすくなります。

②課題は何かを把握

　こちらが把握した事実を伝え，それについて意見や考えを述べてもらいま
す。信頼をベースにしているので，共感的に理解しやすい関係になっていま
す。

③解決に向けての作戦会議

　担任としては何ができるか，保護者として何ができるかを，具体的な手立

てとして相互に提案します。いつまで，どのように解決するのがゴールかも
確認しましょう。

◥ 保護者Bさんへの対応
①保護者と教師のリレーションづくり
　あまりリレーション（関係性）がとれていない場合，「担任の教育理念」
や「保護者や家庭の協力がほしいこと」を伝えます。その上で，今回の対応
で子ども同士の関係をどのようにしたいのか，願いも伝えましょう。
②課題は何かを把握
　子ども同士のトラブルに関心がない場合が考えられるので，どのようなこ
とで困っているのかをエピソードを交えて伝えましょう。
③解決に向けての作戦会議
　解決に向けての，保護者と教師のゴールイメージをしっかり共有し，うま
くいったことを個人情報に配慮して学級だより等で知らせます。

◥ 保護者Cさんへの対応
①保護者と教師のリレーションづくり
　傾聴技法を使い，保護者の思いや願いの本意を聞き出すことから始めまし
ょう。ある程度の関係ができればAさんの対応の流れで対応できるようにな
ります。
②課題は何かを把握
　保護者からの聞き取りの仕方や連絡の仕方に配慮して対応しましょう。我
が子への否定的なとらえ方がある場合，リフレーミング（事実に対する意味
付けを肯定的に変える）などが効果的です。
③解決に向けての作戦会議
　若手の教師の場合，自分一人で抱え込まず，チームで対応するように動く
ことも大切です。

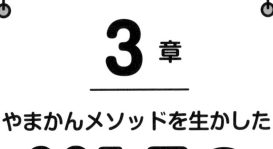

3 章

やまかんメソッドを生かした

365 日の
学級経営

4月 児童理解

ルールとリレーションの バランスを考えよう

✓ 学級の状態把握はルールとリレーションのバランス

Keyword アンケートを使った学級の実態把握で児童理解

ルールとリレーションのバランス

　1章の「高学年の学級づくりのルールとリレーションのバランス」（p.45〜48）を参照して，結果の見方を個人で分析してみましょう。主に4月編の「児童理解」でルールとリレーションのバランスについての見方とポイントを，「ルールづくり」でルールに関する見方を，「リレーションづくり」でリレーションに関する見方を紹介します。今後の学級づくりの方向性をチェックしてください。

ルールもリレーションも大きい場合…右上（ルール・リレーション共に○）

　意欲的で互いを尊重し合う，バランスのとれた人間関係のようです。毎日の振り返りを充実させて，よりよい学級を目指しましょう。

ルールもリレーションも小さい場合…左下（ルール・リレーション共に△）

　いわゆる学級崩壊の状態，もしくはそれに近い状態で，一斉授業は成立せず，子どもたちの学習が成り立たないばかりか心身が傷つけられる可能性のある状態にあります。学習意欲が低下し，教師の指示が通らず，子ども同士でも仲良く行動することが難しくなってきます。教師は，子どもたちを否定的にとらえ，子どもを望ましい方向に指導することができず，やる気のある子まで見落としてしまいがちになります。そこで次の3点に配慮しましょう。

子どもたちの心身の安全づくりへの配慮

　子どもたちは心身ともに傷つけ合っているかもしれません。まず，上司に相談し，他の教師に協力を求め，暴力的な振る舞いをする子，授業を妨害する子などへの対応を分担して，教室内の安全を確保しましょう。

　一人で悩まずに，管理職の先生に相談することが解決への第一歩です。

ルールとリレーションのバランスを再度確認しよう

　絶対に守るべきルールとして，「これだけはやってはいけない，言ってはいけない」ものをアンケートし，その中から，みんなが共通して守りたいと思うこと，できそうなものを絞って選定するという方法があります。また，リレーションの形成は，教師が一人一人の子どもたちと丁寧に接し，あたたかな人間関係をつくるところからリスタートします。半数の子どもたちとそのような人間関係ができる頃には，子ども同士の関係もよくなる例が多いです。

教師と子どもとの信頼関係づくりから始める

　自分の学級のタイプを知り，それに合わせた適切な方法で学級づくりを進めていくことが大切です。その上でリレーションを促進したいならエンカウンターを，ルールを学ばせたいならソーシャルスキルトレーニングを取り入れてみましょう。子どもたちとの豊かな人間関係を築きながら学級づくりを進めていくことが基本となります。

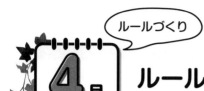

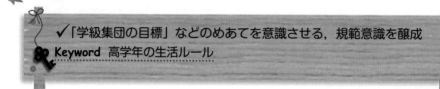

ルールづくり

4月 ルールのあり方を考えよう

✓「学級集団の目標」などのめあてを意識させる，規範意識を醸成
🔑 Keyword 高学年の生活ルール

ルールづくりで規範意識を醸成

ルールの確立が小さい場合…左上（ルール△ リレーション○）

　教室には自由な雰囲気があり，明るく元気に子どもが自己主張する場面や友達とかかわる場面も多いようです。反面，なんとなくざわついて落ち着かなかったり，ルールやマナー，けじめなどの規範意識が醸成されていなかったりするために，トラブルやからかい，いじめ等が起こりやすい状況です。「子どもの自由に任せ，のびのびさせたい」という担任の学級経営方針が裏目に出ていることも考えられます。

　集団生活にルールが成立せず，けじめがなくなっていく状態のまま学習活動が展開されると，学力差が大きくなり，人間関係の基本的なスキルも身に付かない状態で学級の荒れになるケースもあります。

最低限のルール（高学年に合った対人関係スキル）の確立

　学級の子どもたち全員が，不安なく気持ちよく過ごせ，確かな学力を向上させることができる学級集団をつくるために，最低限必要なルールを子どもたちとともに作り，定着させるようにしましょう。

　また，ルールやマナーは，みんなが一緒に生活する際に，一人一人を大切にするために必要だと認識し，実行させるようにしましょう。

　授業中は，発言の仕方，聞き方，座り方，持ち物などもある程度基本とな

るスタイルを決めて，学習態度の定着を目指す方法があります。具体的には，簡単なルールから確実に定着をさせることが大切です。基本的なルールとして，発表するときには丁寧語で最後まできちんと話す，聞く側は発表が終わるまで黙って聞く，という当たり前のマナーを確認し，場合によっては，教師自らがモデルとなって模範を示しましょう。

　ルールが守られ，規範意識が感じられるようになったら，シェア（感情を伴った振り返り）の機会を増やし，やれたという実感をもたせて，ルールを守ろうとする意欲も高めさせたいものです。

集団の目標やめあてを意識させよう

　「学級集団の目標」や「みんなの合言葉」などのめあてを意識させることで，規範意識を醸成していくことも有効です。

　「学級目標」を作る際に，子どもたちの思いや願いを加味して，自分たちの目標という意識で作らせましょう。これは達成目標として，長期休み前などにシェアすると効果的です。

　さらにその思いを生かして，「みんなの約束」「みんなの合言葉」「みんなのルール」のように，具体的な行動目標として言語化し，何をどのようにやればよいか，いつまでにどのようなイメージで取り組めばよいかを示すことも効果的です。

　ある程度ルールの定着が見られるようになったら，学習の目標は何か，そのためには何を習得すればいいのかという，授業における「めあて」を子どもたち全員に共通にもたせることも効果的です。前述しましたが，学級のきまりや約束は，守らなければならない表のルールです。生活ルールは，担任と子どもたちで創り上げる「内」なるもので，学級の雰囲気を醸成するものになります。

リレーションづくり

4月 リレーションのあり方を考えよう

✓ リレーションの形成で学級の雰囲気づくり
🔑 Keyword 高学年のリレーション

リレーション・ゆるやかに関係づくり

リレーションの確立が小さい場合 …右下（ルール○ リレーション△）

　学習や生活のルールはある程度身に付いているようで，比較的落ち着いた雰囲気で授業が展開されていることと思います。反面，授業中は，教師の指示通りに展開したり，教師に認められた一部の決まった子どもだけが活躍する授業になりやすかったりする傾向があります。

　特定の決まった子どもが発表することで，それ以外の子どもたちの学習意欲が低下することにより，不安や不満が増幅してしまうこともあります。さらには，学級生活に対する不満が，無気力や抵抗という形で表面化してくることもありますので気を付けたいものです。

意図的なリレーションの形成で雰囲気づくり

　子どもは，自分の思ったことを安心して自由に表現でき，それがみんなから理解され認められるような場面をつくり出すことで，意識が変わります。そのためには，リレーション（関係性）を形成し，誰もが認められる雰囲気を醸成することがポイントになります。

　リレーションづくりには何といってもエンカウンターのエクササイズを実施することです。学級の実態や雰囲気に応じたエクササイズが選定できます。その中でも筆者の一押しは，ショートやミニエクササイズ（図書文化社，明

治図書刊）等の短時間でできるものや，ゲーム性が強く抵抗が起きにくい心ほぐしミニゲーム（小学館刊，以上「参考・引用文献」参照）です。

リーダーの育成

　このタイプの学級は，子ども自身に自主性に欠ける面があり，教師の言動を気にしすぎたり，他の子の言動に追従したりしながら行動するような緊張感が見られます。教師が子どもとともに楽しく活動する場面を積極的に取り入れたり，子ども同士の交流を多くしたりする中で，やりがいを感じてリーダーシップを発揮させたいものです。

　一人一人の子どもにやりがいを感じさせるためには，リーダーに関する役割をもたせて，自己有用感を高めるという方法があります。

・公的なリーダー…係の活動や委員会活動，クラブ活動などです。係活動は，学級の中で学級生活がよりよくなっていることを実感させることができます。委員会活動は，全校の立場で役に立つ高学年としての役割意識をもつことができます。クラブ活動については，自分の好きなことや興味のあることを通して異学年と交流し，関係づくりができます。

　　これらの活動を通して，教師や子どもたちも感謝し，係の子どもを認めることが大切です。

・私的なリーダー…人気者で場の雰囲気を盛り上げるなどのタイプの子で，級友からの信頼が厚い存在だったり，陰で仕切ったりするなど，学級に対して影響力のあるリーダーのことです。特定の子どもだけでなく，どの子どもも，何かしらの場面で活躍できるように役割をもたせると，楽しい雰囲気で実施でき全員のものになっていくことでしょう。

ユニバーサルデザインと学級づくり

✓ ユニバーサルデザインを意識した学級づくり

🔑 Keyword わかりやすい学級づくりのポイント

ユニバーサルデザインの授業づくりを支える学級づくり

　ユニバーサルデザインは，学年，性別，障害の有無などを問わず，あらゆる人々が利用しやすいようにあらかじめ設計することを意味しています。通常の学級には，発達障害のある子どもを含め，授業に対して様々な困難さ（バリア）を感じている子どもが在籍しています。学級づくりを進める上で，障害のある子も含めてどの子どもにも，あると便利な工夫を増やしていくことが求められています。

授業や学級づくりで困難さを取り除く工夫

参加（活動する）

①クラス内の理解促進
・失敗を笑ったり馬鹿にしたりしないような学級の雰囲気をつくりましょう。
・得意・不得意を含めたお互いのよさや個性の理解を，機会があるたびに確認しましょう。

②ルールの明確化
・意見を発表するときや聞くとき，教師の指示を聞くときなどの基本的なルールや，授業の進め方などを決めて，示しておきましょう。

・一人一人の子どもが安心して生活できるように，子どもの思いを加味してルールを決め，明示しておきましょう。

③時間の構造化

・日々のスケジュールをわかりやすく示し，時計も見やすい場所に配置することで，時間を意識して生活できるようにしましょう。

・いつまでに何を，どの内容で実施するのか見通しをもたせ，自分のペースで行動できるよう配慮しましょう。

理解（わかる）

④焦点化

・授業の内容や活動内容を「シンプル」にし，できたことを実感させましょう。

⑤展開の構造化

・授業や活動の展開をわかりやすくし（どこまでできれば大丈夫等），構造化を工夫しましょう。

⑥スモールステップ化

・指導目標の達成に向けて，そのステップを細かくし，わかりやすく提示しましょう。

⑦視覚化

・見えないものやわかりづらいものを"見える化"し，子どもがイメージをもちやすくしましょう。

⑧共有化

・互いの考えを伝え合ったり，確認し合ったりさせましょう。

・子どもには，自分の意見に足りない部分を確認させましょう。

5月 エピソード法を使った アンガーマネジメント

- ✓ アンガーマネジメントにおける怒りの感情
- 🔑 Keyword　エピソード法

授業に生かすアンガーマネジメント

　高学年は悲しみや怒りをコントロールできるようになる時期ではありますが，我慢しすぎる5月頃に，一気に感情を表出してのトラブルも見られるようになります。そこで予防の意味でも，マイナス感情や怒りについて学ぶことが大切になります。アンガーマネジメントの「アンガー」とは否定的な感情の総称を表しています。「怒り」のほかにも，「悲しみ」「不安」「不満」「悔しさ」「劣等感」など，どちらかというとあまり感じたくない，不快な感情や否定的な感情すべてを含むことになります。

学級活動「そのときは，どんなきもちになるかな？」

題　材　　　心身共に健康で安全な生活態度や習慣の形成

ねらい　　　自己理解・自分の気持ちに目を向け，自分の多様な感情の存在を認めると同時に，他者の多様な感じ方を知り，他者に共感する力を育てる。

流　れ

(1)　次の4つのエピソードを読んで，そのときに自分だったらどのような気持ちになるか（喜😀　怒😠　哀😢　楽😊）を選び，そのときの気持ちを表す言葉をワークシートに記入する。

	場面（エピソード）	顔	気持ち・セリフ
①	あなたの筆箱からお気に入りの鉛筆がなくなっていました。		
②	仲良しのAさんが，あなたが嫌なあだ名で呼びます。やめてと何度も言っているのですが……。		
③	あなたの親友が来週遠いところに転校してしまいます。		
④	あなたは掃除班のリーダーです。Aさんは，時々掃除に遅れてきたり，ふざけたりします。		

「顔」には，はうれしい（喜），怒り（怒），悲しい（哀），楽しい（楽）を絵文字で書きましょう。

(2) 4，5人の生活グループになり，どんな場面のときに，どのような気持ちになるかを話し合う。

(3) 意見交流をした感想を発表する。

(4) 全体で確認する。

　・どのようなきっかけで「怒り」の感情が起こるか考える。

　・どんなことで怒りを感じるか，怒りの原因となることを知る。

(5) 振り返りをする。

　・怒りの感情が起こる場面やきっかけ，そのときの気持ちを理解する。

　・感想を記入し，日常生活で生かしたいことを決める。

カウンセリング

5月 ABC 理論を学ぼう

✓ 論理療法のアプローチの仕方を活用しよう

Keyword ABC 理論

ABC 理論を活用して意識を変える

ABC 理論とは，アルバート・エリスによって提唱されました。ある出来事のとらえ方によって，落ち込むのか，恐怖や不安に駆られるのか，冷静のままでいられるのかが変わってくる，ということを説いた理論です。

A = Activating event　出来事

B = Belief system　信念（とらえ方）

C = Consequence　結果（湧き起こる感情）

例を挙げてみましょう。

A（出来事）：友達が用事があると言って約束を破り，別の子と遊んでいた

B（信　念）：自分のことを馬鹿にした。もうあの子とは絶交だ

C（感　情）：信じていたのに裏切られた

ABC 理論では人間の心理はこうしたステップを踏んでいくと考えます。ここで，B の信念のうち，不安や落ち込みを生み出す信念をイラショナル・ビリーフ（Irrational Beliefs）と呼びます。前記の例では，友達への不信感が増幅しています。「絶交だ」と断定しているような極端な表現はイラショナル・ビリーフだと言えます。

逆に，現実的でプラスなとらえ方，逆境をバネにするような考え方をラショナル・ビリーフと言います。「遊びの約束を断って別の子と遊んだのには何か理由があるのかもしれない」という風に考えたとします。Cの「信じて

いたのに裏切られた」と思った感情は，「明日気持ちを聞いてはっきりさせよう」のように，ポジティブな状況としてとらえるようになり，解決志向的な考え方を大事にします。

> 事実の受け止め方・とらえ方を変える⇒感情が変わる

ABC 理論では，イラショナル・ビリーフをいかにラショナル・ビリーフに変換することができるかを重視します。これは，メンタルが弱い状態を改善するカギであるレジリエンスの獲得の重要なポイントだと言えます。

イラショナル・ビリーフを変身させてレジリエンス UP

▨ **決めつけや思い込み**…"絶対に〜でなければならない"
- → 「〜であればなおいい」「〜もいいが，〜もいい」といったイメージに変換できるとレジリエンスの強化には効果的です。

▨ **破滅思考**…うまくいかないことがあって落ち込んでしまう
- → 「今の気分はすごくよくない，でも，これから先にいいことも起こるだろう」という具合に前向きにとらえることでレジリエンスを高めます。

▨ **白黒思考**…白か黒か，0か100かと物事をはっきりさせたがる
- →中庸の考え方や大雑把なとらえ方もたまには必要だという視点で，極端なとらえ方にならないように「B：信念」から変えていくことで考え方を変化させます。

ユニバーサルデザイン

5月 5月に意識したい合理的配慮

✓ わかりやすい表現の仕方で抵抗を減らす

Keyword 視覚化とスケーリング・クエスチョン

目標やルールの明確化

　高学年の5月にユニバーサルデザインで意識させたいのが，「目標やルールの明確化」です。この時期の課題には，目標の文言がわかりにくかったり，曖昧な状況が耐えられなかったりする場合や，目標自体をイメージするのが苦手な子どもがいたりする場合に起こるトラブルが挙げられます。

　そのような場合には，ルールを明確にすることで，具体的な動きを示し，トラブルを回避することができます。また，目標を設定する際，達成目標と行動目標を明確化することで，到達点を目指すために，どのような行動をとればよいのか，見通しをもつことができます。短いスパンで振り返りをすることで，達成感と自信が得られ，自尊感情を高めることにもつながります。

学級目標の視覚化

　発達障害のある子や疑いのある子，高機能自閉症やアスペルガー症候群の子どもは，「想像力の障害」があるといわれています。学級目標や行動目標，ルールや約束事などをはっきり明示し，わかりやすく視覚化することで，上記のような子どもたちも目標を明確にもち実行することができます。

　学級目標は4月に設定し，長期休み前に振り返ることが多いのですが，クラスの実態に応じて，生活や学習など，目標を一つずつ作り上げていくこと

や，数か月ごとの長期や１週間ごとの短期など，定期的な振り返りをしていくことで，意欲の継続が図られていきます。

ルールの視覚化

　耳からの情報だけでは記憶にとどまらない傾向の子どもにとっては，ルールを視覚化することで記憶が定着し，有効に働くというケースもあります。わかりやすくシンプルに掲示し，視覚化によるルールの定着を図ることが大切です。

　ルールを定着させていくためには，全体の雰囲気や達成状況を確認することも大切です。アンケートなどをとり，達成率を数値化して示すと納得しやすいです。

スケーリング・クエスチョン

　スケーリング・クエスチョンは，個人の置かれている状況，能力，目標，実現性というような抽象的な要素を，数値を用いることで自分にも周囲にもわかりやすくするというものです。

　例えば，１から10の10段階スケール（ものさし）で評価してもらう質問のことで，気付きにくい内面や感情の状態を把握することに役立ちます。「嫌な気持ちは10のうち，いくつ分」のように客観的に自分の状態を把握し，表現することに役立ちます。

保護者対応

短時間でも効果的な伝え方や関係づくりを

✓ 傾聴技法を使ったやりとりの基礎・基本
Keyword 傾聴の五技法（受容・繰り返し・明確化・支持・質問）

傾聴技法を保護者とのかかわりに生かすポイント

傾聴には一般的に5技法（受容・繰り返し・明確化・支持・質問）が大切であるといわれていますが，私が体験してきた保護者とのかかわりに生かす傾聴のポイントをいくつか紹介します。

契約

保護者とかかわるときは，面談や相談場面であることが多いです。話の内容や状況にもよりますが，世間話や本題にすぐに入ってしまう人が多いように思われます。おすすめは，最初に時間を提示して，おおよその目安を互いに了解した上で開始することです。その上で，どのような内容なのか，相談したいのか，アドバイスなどが欲しいのか，ただ聞いてほしいことなのかなどを確認（契約）した上で始めることです。

傾聴トレーニング

前述した5技法の中にも含まれますが，一般的に紹介されている「繰り返し」や「言い換え」技法などがあります。

繰り返し技法は，話に出てきた言葉を，聞き手がそのまま言うことです。言い換え技法は，話されたことを，聞き手の言葉で表現し直すことをいいます。それぞれ確認をすることになるので，話をする側は，話をしっかり聞い

てもらったような気持ちになりやすいです。

　ただ，多用しすぎると，しつこい感じにとられることもあるので気を付ける必要があります。

　言い換え技法のときは，ところどころに肯定的な言葉のアクセントを入れて聞くようにするとより効果的です。

心理的距離が近くなる返し方

　心理的な距離を縮める取り組みとしては，自己開示をおすすめします。受ける側には，人格や考え方に焦点を当てて言い換える形で肯定的なメッセージを伝えると好感をもたれやすく，しっかり聞いてもらっているという気持ちになりやすくなります。

最小限の肯定の姿勢

　面接や面談に限らず，道ばたで会ったときやすれ違ったときなどは，儀礼的なあいさつのみではなく，しっかり相手側を向き，短い会話であっても，あいづちをうったり，うなずいたりして聞くとよいです。

　態度や表情だけでも，受容されたり，共感してもらったりしているという感覚をもちやすくなります。

質問の仕方

　答えが「はい」「いいえ」の閉じた質問（クローズド），自由な答え方ができる開かれた質問（オープン）がよく使われていますが，心理的な距離に開きがある場合は閉じた質問にし，ある程度親しくなってからは開かれた質問にすると，抵抗が起こりにくいのでおすすめです。

　中には，質問という名目で，追及しすぎたり，否定と受け取られてしまうときもあるので，気を付けたいものです。

6月 児童理解にエゴグラムを活用しよう

✓ 高学年の子どもの内面理解にはエゴグラムを活用しよう

Keyword エゴグラム

小学校でもエゴグラムを活用

エゴグラムは，アメリカの精神科医エリック・バーンが創始した交流分析理論に基づいて，ジョン・デュセイによって開発されました。人の心の中のバランスを5つの領域に分けてグラフ化したもので，性格特徴と行動パターンを見るものです。良い悪いと診断するものではなく，互いに関連し合って存在しています。それぞれの特徴の傾向を見ることができます。

エゴグラムで定義する人の自我状態は，親的な要素（P），アダルト（大

エゴグラム 下記50項目について，自分にあてはまるものを右枠の中から1つ選んで，□内に入れてください。 ※できるだけ，「はい」か「いいえ」で答えてみてください。	○はい（だいたいそうだ） 2 △どちらともいえない 1 ×いいえ（ほぼそうではない）0				
1	してみたいことがたくさんある	■	■		■
2	無駄遣いはしない	■	■		■
3	差し入れや贈り物をするのが好き	■	■		■
4	好奇心旺盛なほうだ	■	■		■
5	頼まれると断れない	■	■		■
6	自分のやり方にこだわる		■	■	■
7	他者の意見の根拠を求める		■	■	■
8	思ったことが口に出せない		■	■	■
9	思いやりがある	■	■		■
10	好き・嫌いがハッキリしている	■	■		■
11	弱みをみせない	■		■	■
12	教え方や伝え方がやさしく丁寧である	■	■	■	
13	無邪気である	■	■		■
14	問題点や欠点に目が向きやすい	■		■	■
15	情緒的というより理論的	■	■	■	

人）の要素（A），子の要素（C）で，それぞれのアルファベットの頭文字は Parent，Adult，Child の略です。さらに P は「CP」と「NP」に，C は「FC」と「AC」の2つに細分化されます。エゴグラムでは，この合計5つの人の自我状態を見ていきます。

　5つの項目について10個ずつの質問があります。自分の性格に合ったものであれば○を，そうでなければ×を，どちらとも言えないときは△をつけます。○を2点，△を1点，×を0点とし，それぞれの項目（CP・NP・A・FC・AC）ごとに合計点を出します。

小学校高学年での展開例〈自己理解の促進〉

ねらい　自己理解を通して，自分のよさや課題に気付き，よりよく生活しようとする意欲を高めるとともに，自分らしさを生かして生活することができる。

流れ

(1)　課題を把握する
　　自分を知ることの意義について理解させ，活動に取り組むようにさせる。
(2)　エゴグラムに取り組む
　　質問紙を記入し，数値化してグラフ化する。
(3)　グラフの見方について知り，自分の性格傾向を知る。
(4)　長所を生かし，欠点をカバーして自分らしさを発揮して生活するにはどうしたらいいのかを考える。
(5)　グループで互いに感想や意見を聞き合う。
(6)　振り返り（シェア…感情を伴う振り返り）
※エゴグラムの質問項目例は図書やネットで検索できます。

6月 「規範や規範意識」の観点で 生活ルールを見直そう

✓ 生活ルールを見直すポイント「規範や規範意識」
🔑 Keyword 高学年のルール意識のポイント

規範や規範意識

　高学年のルールづくりを考えるとき，ルールと規範や規範意識との違いを理解しておくことが大切です。

　「規範」とは，人間として生きていく上で最低限身に付けておかなければならないルール，「ルール」とは，「規範に基づいた具体的な行動」を指します。「規範意識」は，「社会のルールを守ろうとする子どもの価値意識や価値態度」ととらえ，規範意識の醸成を「学校生活の様々な場面で，よりよい生活や望ましい人間関係維持のために必要な行動の基準である規範を守ろうとする意識を伴った行動が子どもに見られるようになること」とおさえたいと思います。

最近の傾向

　全国学力・学習状況調査の結果では，子どもは，規範にかかわる項目の「いじめは，どんな理由があってもいけないことだと思う」という項目に対して「当てはまる」「どちらかといえば，当てはまる」と肯定的な回答をした子どもの割合が多いのに対して，「人が困っているときは，進んで助けていますか」という項目の割合がここ数年若干低い傾向にあります。各学校ごとに実施している"いじめアンケート"でも，いじめの抑止に関する項目は，

高学年になると一時的に下がる傾向があります。

　右図は規範意識と実行意識をクロスさせたときの高学年の子どもたちの意識を想定したものです。

　右上は，《規範意識が高い・実行意識が高い》場合です。所属する集団のルールがわかり，実行できるので安心して意欲的に生活できることを示しています。ルールに対して，まじめに守り意欲的に実行しようという意識です。

規範意識と実行意識のモデル図（八巻案）

　高学年の6月の理想は，右上の《規範意識が高い・実行意識が高い》場合ですが，学級の雰囲気や，集団の成熟度等の実態もしっかり把握した上で，リレーションを促進し，どのようなルールが必要かを子どもたちと話し合ってつくり上げたいものです。

> **Point** 高学年のルール意識のポイント
> ①きまりや約束（規範）を理解し，重要であると感じる
> ②自分たちで必要なきまりや約束（規範）を考える
> ③よりよいきまりや約束（規範）に変えていこうという意識をもつ
> ④実感を伴ったきまりや約束（規範）の理解ができるようにする

リレーションづくり

6月 ライフスキル教育を活用しよう

✓ 互いの意識のずれと，相互に共感的理解のできる関係づくり
🔑 Keyword ライフスキル教育の10項目

WHO が掲げるライフスキルの10項目

WHO は，1994年各国の学校の教育課程にライフスキルの修得を導入することを提案しています。ライフスキルとは，日常的に起こる様々な問題や要求に対して，より建設的かつ効果的に対処するためのスキルと位置付けていて，次の10項目を提案しています。

①意志スキル

②問題解決スキル

③創造的思考

④批判的思考

⑤コミュニケーションスキル

⑥対人関係スキル

⑦自己認知

⑧共感的理解

⑨情動に対処するスキル

⑩ストレスに対処するスキル

高学年の6月に起こりがちなトラブルとして，自分や相手の気持ちのずれから起こる心情理解を通してのリレーションづくりが求められます。「⑧共感的理解」を促進する事例を紹介します。

エクササイズ：「そのときの心のきょりはどのぐらい？」

ねらい　けんかやもめごと等があった後で，"そのとき"の気持ちをひもを使って心理的距離として表現することで，どのような気持ちだったかを確かめ，自分と相手との気持ちのずれを確認することができる。

〔例〕友達関係の心理的距離と意識のずれの確認

説明（インストラクション）

　けんかやもめごとなどのトラブルの解決に，その時点でのお互いの気持ちのずれをひもで表して，どのような気持ちだったかを明らかにすることで，解決の糸口を見つける。

演習（エクササイズ）

(1)　2人組の代表者にエピソードをもとにロールプレイをしてもらい，ひもを使って心理的な距離を確認しながら，自分と相手との言い分や気持ちのずれを明らかにする。

(2)　3人組になり，エピソードロールプレイをする2人と，どのような心理状態かを聞き出す観察役に分かれる。いろいろなトラブル場面を想定し，ひもを使って相手との心理的な距離を明らかにして，トラブルを解決する。

振り返り（シェアリング）

気付いたこと，感じたことを振り返る。

　この実践は，ロールプレイとしてモデルケースを示すこともできますし，実際のトラブルを解決するためにも活用できます。自尊感情（セルフエスティーム）の向上と考えることができます。自分や友達を肯定的に見ていこうとする意識が高まります。

6月 ミラー法を使ったエクササイズ「まねっこミラー」

✓ ミラー法を使って共感性の促進
🔑 **Keyword** ミラーリング

ミラーリングとは

　ミラーリングとは，相手の言動やしぐさなどをミラー（鏡）のようにまねをすることにより，相手に親近感をもたせたり，好感を抱かせたりする心理テクニックのことです。「ミラーリング効果」とも呼ばれています。

　ミラーリングには，"類似性の法則"というものが深く関係しています。類似性の法則とは，人間が自分と似た人，または似たものに対して好感を抱きやすい心理のことをいいます。

　ただ行動や言葉づかいをまねするというよりも，価値観や共通点，趣味や生活サイクルなどといった，"偶然性"の高いものが似ていることが，ミラーリングにとって重要と言えるでしょう。6月の高学年のトラブルを予防するのに有効です。

エクササイズ：「まねっこミラー」

ねらい　相手のしぐさや言動などの立ち居振る舞いを相手の前でそっくりまねて演じてみることで，自分自身のことに気付くきっかけになったり，相手の気付きにくい気持ちに気付いたりすることができる。

　〔例〕言動が自分本位の者への気付きを促すとき

○相手のしぐさや言動などの立ち居振る舞いを相手の前でそっくりまねて演じてみることで自分や相手の気持ちを理解する。

○自分の状態，思いや気持ちを客観的に見る方法であることを確認する。

演習（エクササイズ）

(1) ペアになり，互いに相手の動きに合わせて「まねっこミラー」をする。お互いにしゃべらないで１分間ずつする。

(2) グループ（生活班や同じ係等４，５人ぐらい）になり，順番を決めてまねっこミラーをする。全員が終わったら，一人ずつまねっこミラーをやって，気付いたこと，感じたことを振り返る。

【"まねっこミラー"のやり方】

① "今"自分が思っていることや感じていること，悩んでいることなどを，思い返してみる。

②自分が思っていることを，顔や身振り手振りなど，体全体を使って表現する。会話はしないで１分間ずつ。

③まねっこ役の人は鏡があるつもりで，相手の人のまねをする。

④まねっこをした人から，やってみて気付いたこと，感じたこと，疑問・不思議に思ったことなどを伝える。

※１人目が終わったら交替して次の人が行う。

振り返り（シェアリング）

気付いたこと，感じたことを振り返る。

7月 高学年の児童理解で意識したい「ピアプレッシャー」

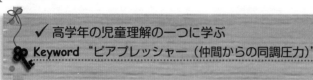

✓ 高学年の児童理解の一つに学ぶ

🔑 Keyword "ピアプレッシャー（仲間からの同調圧力）"

ピアプレッシャーとは？

　ピアプレッシャーとは，仲間からの同調圧力を意味します。自らの所属する学級集団そのものや，学級集団の多数が支持する意見や行動に対し，同調を迫ったり，そのように感じてしまったりする圧力のことです。簡単に言えば，みんなと一緒にしなければならない雰囲気を自分で感じることです。

　高学年は，発達課題から同調圧力が強くなりがちな時期です。いろいろなパターンの同調圧力がいくつもの層になって存在しています。「ルールやきまり」を例にすると，ルールやきまりを守ろうとする意識が強い子ほど，所属集団の規範から逸脱した人に対し「それダメだよ」と注意します。本人は善意からの場合が多く，悪気があるわけではありません。特に高学年女子の特徴として挙げられるグループの雰囲気や空気が威圧的であることなどがそれです。

　友達が気にしていることは自分もチェックし，グループ行動や考え方は同一歩調，なんでも一緒にしたがる等の傾向があります。息がつまるほどの不安があっても，群れていないことで仲間外れにされ，いじめられたりするよりも同調した方がいいかという気持ちになります。

ピアプレッシャーの２つの側面

ピアプレッシャーには，相互監視と相互配慮の２つの側面があります。これらがバランスよく働くと，「仲間と共に目標を達成しよう」という意欲が向上して学級全体でのわれわれ意識が向上します。

相互監視（警戒）とは＝ルール尊重

ピアプレッシャーによる同調圧力の影響を強めるのは"相互監視"といわれています。過剰に影響がある場合には，学級内の人間関係の軋轢を招き，学級としてのまとまりがとれにくくなるケースも出てきます。逆に，不足している場合には，子ども一人一人のわがままや規範の欠如を招きます。適度に刺激する場合には，責任感や意欲が高まる成長も期待できます。

相互配慮とは＝リレーション尊重

ピアプレッシャーによるわれわれ意識を強めるのは，「互いに協調し，互いに助け合う」という"相互配慮"といわれています。友達に迷惑をかけたくない，遠慮が過ぎて仲間への配慮が過剰になってしまう，などがあると，過剰に不安やストレスを抱えることになります。一方少なすぎると，人間関係の希薄化や攻撃的な言動等により，学級としての経営が危ぶまれ学級の荒れにつながってしまうこともあります。適度な配慮によって連帯感が高まり，思いやりのある行動やわれわれ意識を醸成するなどのメリットもあります。

学級集団を内面から育てたい場合には，「相互監視（警戒）＝ルール尊重」「相互配慮＝リレーション尊重」のバランスを意識して学級づくりにあたることです。どれだけ子ども自身に考えさせて納得できる見解を見出させるかがポイントです。「仲良しのＡさんが賛成だけど，私の考えは反対だから理由をつけて発表しよう」という自分づくりをさせることで，学級の中で多様性を認め合いながら，自己実現できる子どもを育てたいものです。

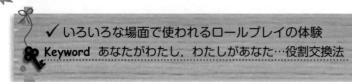

7月 「あなたがわたし，わたしがあなた」ロールプレイ

✓ いろいろな場面で使われるロールプレイの体験

🔑 **Keyword** あなたがわたし，わたしがあなた…役割交換法

「役割交換法」のロールプレイ

道徳や学級活動の時間等によく使われるロールプレイ。いろいろなやり方が実践されていますが，相手の気持ちを理解しにくい子どもがいる場合には，役割交換法が有効です。なんとなく慌ただしく，落ち着かない7月にはおすすめです。

エクササイズ：「あなたがわたし，わたしがあなた」

ねらい お互いの立場や役割を交換するように，自分が相手に，相手が自分の立場になりきって役割交換法（ロールリバーサル）のロールプレイングを行う。

説明（インストラクション）

(1) いろいろな立場や役割を交換するように，二者関係でロールプレイすることを確かめる。

(2) 互いの視点や感じ方に変化が起こってくる方法であることを確認する。

「相手の人に何かを言われて困ったことや，なかなか相手の気持ちが理解できなかったことなどはありませんか。そのようなときには，相手の立場や役になってロールプレイしてみることをおすすめします」

※言語を介すること以外にも身ぶり手ぶりを交えて行ったり，言動だけで

はなく，内面の思いも類推して表現すると，お互いの本来の姿が現れる
ことも伝えておくとよい。

演習（エクササイズ）

(1)　ペアになり，互いに相手の立場になってシナリオロールプレイをする。
　「隣の席の人とペアになりお互いに相手の立場になってロールプレイをし
てみましょう」
　　※男子と女子，仲良く話し合っていること，口げんかをしているところ等
　　　普段の生活場面でのことをテーマにするとよい。

(2)　グループ（生活班や同じ係等４，５人ぐらい）になり，シナリオをもと
　に役割を決めて，テーマに即してシナリオを作り，ロールプレイをする。
　　※シナリオは，グループのメンバーで考えて作るか，誰かの例をもとに考
　　　えてもよい。
　「グループになり，テーマに合わせて役割交換ゲームをしましょう」
　〔例〕いじめる・いじめられる関係，母親と子どもの立場等，相手の気持
　ちを理解してみたいこと，自分の気持ちを伝えたいこと
　　※当事者Ａ・Ｂの他は観察者としてロールプレイ全体を客観的に見る役に
　　　する。

振り返り（シェアリング）

　シナリオロールプレイをしてみて，気付いたこと，感じたことをグループ
ごとに振り返る。

7月 カチッサー効果を学ぼう

✓ 心理効果のある手法を学び，お願い・依頼の場面で活用

Keyword カチッサー効果

理由付けをすることでの心理効果

「カチッサー効果」とは，自分が他人にしてほしいことや頼みたいことを要求するときに，何かしらの理由付けをすることにより，相手に承諾されたり承認されやすくなったりする，という効果のことです。

カチッサー効果には，心理学者のエレン・ランガーが行った，「コピー機の実験」という実証実験があります。実験の主な内容は，コピー機の使用のために順番待ちをしている人に，コピー機の一番先頭に行って，3通りの言い方で「先に5枚コピーをさせてほしい」と自分の要求を伝えるというものです。どのような頼み方をすると，こちらの頼み事が通りやすいかということを明らかにした心理効果です。

カウンセリングの活用

筆者は，銀行員時代に，「理由を付け加えることでコミュニケーションがぐっと高まる」ことを学び，窓口や営業の際に活用し，その効果を実感しました。

特に，苦手なタイプの方に伝えるときや，相手からの依頼を断らなければならないとき，後輩の指導で，伝えにくいけどもはっきり言わなければならないときなどに意識して使っていました。

ある意味カウンセリングの手法で，エンカウンターやロールプレイ，ソーシャルスキルトレーニング，アサーショントレーニングなどのエクササイズや活動に活用できそうに感じます。

小学生へのおすすめはアサーショントレーニング

　カウンセリングの手法で活用するとしたら，一番のおすすめはアサーショントレーニングです。アサーションでは，次の３つの表現の仕方がポイントになります。
　　①自分のことだけ考えて，他者を踏みにじるやり方。攻撃的自己表現
　　②自分よりも他者を常に優先し，自分のことを後回しにするやり方。非主張的自己表現
　　③自分のことをまず考えるが，他者も配慮するやり方。主張的な自己表現
　小学生にはドラえもんの登場人物に当てて，①はジャイアン，②はのび太君，③しずかちゃんの言い回しにして，程よい主張的な頼み方を学ぶように，ロールプレイします。トラブル場面で起こりがちなケースとして「遊びに誘う場面」で活用する場合，
　　①「自分は遊びたいという要求だけを伝える」
　　②「一緒に遊びたい理由を付け足して要求する」
　　③「理由を付け足した上に，自分の状況も付け加えて要求する」
の３つをロールプレイすることで，どの承諾率がグンと上がっているのかがわかります。
　この実験のように，理由の内容にかかわらず，自分の要求の前に何かしらの理由を付け足した方が，要求を受けた側は承諾してくれる可能性が高くなるというものです。

7月 被害者意識が強い親への対応

✓ 被害者意識が高くなる親への対応
🔑 Keyword　相手の気持ちに寄り添うやりとり

被害者意識が強い親

　保護者のAさんが，息子のBさんがいじめられているのではないかと担任のC教諭に連絡を入れてきたので，「数日中に対応します」と返事をして電話を切りました。C教諭は，学年主任に相談していじめのアンケート結果を見返したり，Bさん本人や周囲の友達に聞き取り調査をしたりしていじめの事実がないことを確認し，3日目の放課後に報告しようと思っていました。その日の昼に，教育委員会から教頭宛に連絡が入り，保護者のAさんから「いじめの件で問い合わせたが，学校が対応してくれない」と訴えがあったとのことでした。

対応の方針

　被害者意識の強いAさんに，その課題に対して論理的に説明しても納得を得られることは少ないでしょう。まず保護者の不安な気持ちに十分に寄り添うようにしてあげないと，冷静に考えることが難しいと思います。

　たとえ相手の言い分が偏っていたとしても，そのことを指摘したり，言及したりせずに，最後まで話を聞いてあげることが大切です。また，時期や時間ははっきりと伝えた方が保護者の不安な気持ちは軽減され，落ち着いてきます。

相手の気持ちに寄り添うやりとり

▨ 不安を軽減する対処の仕方で，否定せず気持ちに寄り添うところから始めよう（よい対応のためのヒント）

保護者に限らず，被害者意識の強い大人は，過去に何らかのつらいことや嫌な体験をしてきていると思われます。言い換えると常に不安と隣り合わせにいたり，抱え込んでいたりすることが多いと思われます。そのような保護者が学校に連絡してくるのは，自分ではどうしようもできないから不安な気持ちをクレームや苦情という形で表現してしまいますが，誰かに助けてほしい場合がほとんどなのだろうと思って対処することが大切です。

我々教員は，連絡をもらうと，すぐに対応しなければと焦ってしまい，課題や問題について論理的に説明してしまいがちですが，相手に聞き入れるだけのゆとりがないと，納得させられることは少ないでしょう。逆に，こちらの言い分を先に聞いてもらおうとすると，話を途中で遮られると感じてしまい，感情を逆なでしてしまったり，売り言葉に買い言葉的に口論になってしまうこともあります。まずは保護者の話をしっかり聞き，相手の不安な気持ちに寄り添うことにより，教師自身が安心感を与えられる存在になれるかどうかがポイントになります。

保護者の感情的な言葉に触発されて，教師も感情的に応答したり，自分のことは棚に上げながらも相手を非難する姿勢をいさめたり，とらえ方の矛盾や対応の仕方をアドバイスしてしまうと，保護者の被害者意識をさらに強めてしまいかねません。

✔ ロールプレイのミニエクササイズを学ぼう
🗝 Keyword 「心理的距離」の理解の仕方

転入児童の気持ちに寄り添った援助

　高学年の子どもでも，相手との心理的な距離をうまくつかめなかったり，空気を読むのが苦手だったりして，場にそぐわない言動をする子が見られます。トラブルが起きたときに，指導してもなかなか意味がつかめない子もいる場合の対処法について，p.108で紹介したエクササイズを詳しく紹介します。

エクササイズ：「そのときの心のきょりはどのぐらい？」

ねらい　友達関係でもめ事等があった際に，"そのとき"の気持ちをひもを使って表現することで，どのような気持ちだったかを確かめ，自分と相手との気持ちのずれを確認することができる。

説明（インストラクション）

　けんかやもめ事などのトラブルの解決に，その時点でのお互いの気持ちのずれをひもで表して，どのような気持ちだったかを明らかにすることで，解決の糸口を見つける。

　「仲良しの友達とのけんかで，すっきり解決できなかったときや，うまく自分の気持ちを伝えられなくてモヤモヤ気分になったことはありませんでしたか。そんなときには，ひもを使って，相手の人との"心のきょり"を確かめることで，あなたの気持ちを伝える方法があります。ひもは，そのときの

相手との心の距離がどのぐらいかを表すのに使います」

演習（エクササイズ）

(1)　2人組の代表者にエピソードをもとにロールプレイをしてもらい，ひもを使って，心理的な距離を確認しながら，自分と相手との言い分や気持ちのずれを明らかにする。

〔エピソード例〕遊びの約束をすっぽかされた／みんなの前で，2人の大切な思い出を暴露された

　　「自分から見て，相手の人との“そのとき”の関係をひもを使って表します。“そのとき”の気持ちがわかるように，ひもの長さを決めましょう。丸い輪の部分を体にかけて，自分と相手の心のきょりにします」

〔例〕普段の心の距離：2〜3m⇒遊びの約束をすっぽかされたとき：7〜8m（そのときの気持ち：前からすごく楽しみにしていたのに裏切られた気分）

(2)　3人組になり，エピソードロールプレイをする2人と，どのような心理状態かを聞き出す観察役になり，いろいろなトラブル場面を想定し，ひもを使って相手との心理的な距離を明らかにして，トラブルを解決する。

8月　トラブル解決（個別）

【「そのときの心のきょりはどのくらい？」のやり方】

①いつものときの心のきょりはどのぐらいはなれていますか？

②そのときの心のきょりはどのぐらいはなれていますか？

③なぜそのようにしたか，そのときの気持ちを説明してください。

振り返り（シェアリング）

気付いたこと，感じたことを振り返る。

8月 カウンセリング

夏休みにカウンセリングの基本技法を学ぼう

✓ カウンセリングをベースにした質問技法の活用

🔑 Keyword 質問の仕方で相手の気持ちを引き出す

カウンセリングの質問技法を活用して合意形成

　新学習指導要領で取り上げられたガイダンス機能。カウンセリングとともに活用して，安心で信頼感のある学級づくりを目指しましょう。

　学級活動の話し合い活動や道徳，トラブル場面などでは，自分もよくみんなもよいものとなるよう合意形成を図り，決まったことをみんなで協力し実践できるように適切な指導をすることが大切です。私のおすすめは，カウンセリングの質問技法を活用し，自分もよく相手もよい関係をつくった上で合意形成することです。

　一般的に「質問」をする場合のねらいには，「情報収集」「リレーションづくり」「相手に考えさせる時間を与えること」の３つがあります。さらに質問にはいくつかの種類があり，イエスかノーで答えられる閉ざされた質問（クローズド・クエスチョン）と，自分の言葉で答えるような開かれた質問（オープン・クエスチョン）は代表的なものです。その他としては，スケーリング・クエスチョンなどがあり，課題に応じて対応できます。主な質問技法の例を次頁で紹介します。

知って得する質問技法で活用できるスキル

　前述の３種類のほかにも，相手の気持ちを「聴く」ことができる質問技法には，次のようなものもあります。

▨ ミラクル・クエスチョン（未来質問）

　ソリューションフォーカストアプローチで用いられる手法で，失敗や間違いにこだわらず，解決後の状態をイメージして質問します。

　〔例〕△「そうしなかったのはなぜ」（過去の質問）⇒○「もし奇跡が起きるとしたら……」「今後はどのようにしたいですか」（未来質問）

▨ 肯定質問

　ポジティブ心理学の考え方で，喜びや成功をイメージさせ，肯定的な側面に意識を向ける質問の仕方です。

　〔例〕△「何がわからないの」⇒○「わかっていることは何ですか」「どうしたらうまくいくと思いますか」

▨ サバイバル・クエスチョン

　これまでにうまくいった具体的な行動のパターンを振り返ります。

　〔例〕△「また同じ失敗をしたのはなぜ」⇒○「これまでにうまくいったことはありませんか」「失敗しなかったときはどのようにしたのですか」

▨ 例外のクエスチョン

　問題が起きなかった場面の確認をするように質問します。

　〔例〕△「また同じ問題を起こしたのはなぜ」⇒○「失敗しなかったときはどんなときですか」「いつもとどこがどのように違っていたのですか」

▨ ナラティヴ・アプローチ

　その人が語る物語を聞き，その人らしい解決法を一緒に見つけようとする姿勢のことです。最初に語られる話には，本人がこだわりにとらわれているストーリーが含まれている場合が多くあり，それを「外在化」する（心の中にある問題を言語化したり名付けたりする等）ことで，主観的な思考から客観的な思考に変えることができるようにすることです。

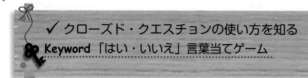

8月 コミュニケーションアラカルト①
クローズド・クエスチョン

ユニバーサルデザイン

✓ クローズド・クエスチョンの使い方を知る
Keyword 「はい・いいえ」言葉当てゲーム

対人関係・コミュニケーションの困難さへの対応

　コミュニケーションの基本的なスキルを身に付けて，円滑な人間関係を醸成することは，大切なことです。特に，人の話を聞いたり，答えたりすることに抵抗や苦手意識を感じる子どもにとっては，その手法や技法を身に付け，適切に使い分けることで，気持ちを伝えることができる場合もあります。

　話を聞く際の質問の種類には何種類かありますが，「クローズド・クエスチョン」と「オープン・クエスチョン」が基本になります。

　オープン・クエスチョンは回答の範囲を特に設けずに，相手が自由に返答できる質問です。一方，クローズド・クエスチョンは，回答の範囲を設けて相手が「イエス／ノー」で答えるような質問を指します。

　クローズド・クエスチョンは閉ざされた質問ともいわれ，次のような特徴があります。

　①答えが決まっている

　②深く考えなくても答えられる

　③すぐに答えられる

　クローズド・クエスチョンは相手の答えを素早く得るのに有効です。また，次のような場合にも有効です。

　①「はい」か「いいえ」を特定したいとき

　②会話の緊張をほぐしたいとき

③情報を効率よく得たいとき

④答える抵抗を減らしたいとき

⑤相手の決意や決断を明らかにしたいとき

　相手にコミットメント（一貫性の法則）することにより，責任をもった約束・公約・確約を得るときなどにも活用できます。

　クローズド・クエスチョンは答えが二者択一のため，状況や理由などの相手の考えはなかなか得られません。また，あまり多用しすぎると相手が聞き取り調査をされているかのように感じたり，責められていると感じたりする場合があるので留意が必要です。

「はい・いいえ」言葉当てゲーム

(1)　2人一組（ペア）になり，質問する側とされる側に分かれる。

(2)　される側の人は思いついた言葉を1つ決めて，相手に見せないように紙に書き，ふせておく。

(3)　質問する側の人は，クローズド・クエスチョンのみを使って，相手が思いついた言葉を当てる。される側の人は，「はい」か「いいえ」のみで答える。

(4)　質問する側の人が正解がわかったら「正解は○○ですか？」と確認し，正解だったら終わる。最長3分間で行う。

　※一人目が終わったら同様に(2)～(4)の手順で行う。

　クローズド・クエスチョンのみだと，筆者の経験上質問する側はなかなか当てられないこと，される側は答えるのが難しいという反応が多いです。

8月 登校しぶりのある子の親への対応

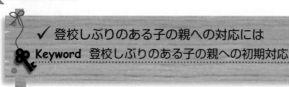

✓ 登校しぶりのある子の親への対応には
Keyword 登校しぶりのある子の親への初期対応

登校しぶりのある子の親

登校しぶりのある子の親は，その原因を学校での出来事や担任教師とのかかわり方の中に求めがちです。そのようなケースでは，初期対応に受容や共感の姿勢で臨むことで，共同で対応する姿勢をもてることにつながります。

保護者Aさんは，息子Bさんが学校を休みがちなことについて，面談をして学校での様子を知りたいと電話連絡を入れました。担任のC教諭は，学校でのBさんの動きがなんとなく気にはなっていました。家庭での課題や問題が登校しぶりの要因になっているのではないかと思っていたので，詳しく話を聞きたいと思い，了解して翌日面談をしました。

面談ではC教諭に対して，保護者Aさんから指導の仕方や周囲の子どもたちの反応など次々に質問されました。一方C教諭は，家庭での様子を聞こうとあれこれ質問しはじめたところ，保護者Aさんが，突然怒り出してしまいました。様子を聞きつけた学年主任のD教諭が入り，その場はなんとかおさまりました。

▧ お互いの気持ちが少し楽になるやりとり（よい対応例）

学校側の支持的発言⇒受容する姿勢⇒共感する姿勢での受け答え

行為のみを否定せず気持ちに共感することから始めよう

　このようなケースの場合は，学校と保護者が連携していくという立場に立って対応することが大切です。親も教師も自分が体験したことがないと，性急に解決しようとしがちですが，互いに共同で取り組み，問題解決志向の対応をすることが大切です。初期対応では，保護者へ心理的に援助することから始めます。教師は支持的な発言の仕方を心がけるとよいです。

　面接・面談の場面では，はっきりした事実をつかんでいない場合が多く，漠然とした話し合いになることもあります。中には担任教師への苦情や非難の言葉が浴びせられることもあるかもしれませんが，感情的にならず，指摘に対してもすぐに反論したり，自分の正当性を主張したりしないで，まずは話を聞きます。

　話し合いでは，担任教師以外の第三者に進行役をお願いし，保護者の願いや思いに焦点化して，「……のような対応の仕方を期待されているのですね」と繰り返し整理してあげることが大切になります。

　担任教師への非難や苦情については，「……のように感じられたのですね」のように，保護者の受け取り方を事実として受け止め，整理していくと担任への批判となりにくくなります。

　登校しぶりの保護者に対しては，このようなプロセスを経て，情緒的に安定したことを確認した上で初めて対応策の検討に入ります。基本は，子どもにとってよりよい対応を，学校と保護者で共同してとっていくこと，責任追及ではなく問題解決志向でいくことを改めて確認します。

　そして，学校側で対応できる内容や具体例を示し，遅刻して登校した場合の対応・対処や別室登校（保健室登校や職員室登校等）をするときの学校側の受け入れ態勢を説明します。共同的な関係を築いた上でかかることが大切です。

9月 高学年の児童理解で意識したい「過剰適応」

✓ 内的適応と外的適応の違いを知り，過剰適応に対応する

🔑 Keyword アサーティブな自己表現

過剰適応とは

　過剰適応とは，自分の気持ちを押し殺して相手に合わせる心理状態のことです。過剰適応の主な特徴は，「頼まれると嫌と言えない」「周囲によく気をつかう」「まじめでがんばり屋さん」などが特徴で，高学年の時期に表面化するケースが多いという報告もあります。

　自分の行動基準や判断基準が"他者"にあるため，相手の欲求や期待に応えようと努力をします。また身体や心が疲れていても，がんばりすぎてしまう傾向があるため，顔では笑っているように見えても，心の中では苦しんだり，悲しんだりするなど，「本音の感情」と「表現する感情」に違いが生じる傾向があります。

内的適応と外的適応の違い

　心理学の世界には次の2つの適応があるといわれています。

　　・外的適応…社会的な要求や役割を守って行動する
　　・内的適応…気持ちが満たされ良好な状態

　過剰適応は外的適応になりやすく，一番の特徴は「よい子」に見えることです。一見すると，素直に大人や周囲の言うことを聞き，実行し，成績がよく，明るく元気に振る舞う適応的な面と，自分が何を感じ，何をやりたいの

かを明確にできない面があります。

　さらに，次のような特徴があるとされています。

　・親，教師，同級生の気持ちを敏感に察してそれに合わせて振る舞う。

　・自分の意見は言っても，相手の気持ちを傷つけないように配慮する。

　・教師や同級生からは，よい子，がんばり屋さんと見なされている。

　・本音で自分の気持ちを出せないので，気持ちの葛藤が常に起こっている。

　過剰適応の状態のある子は，無理をして相手に合わせすぎるため，何かのきっかけで不登校や適応障害などの問題として表面化してしまう可能性もあるので，注意が必要です。

2つの対応例「アサーティブな自己表現」「心のエネルギーの充足」

　過剰適応のタイプの子どもは，自分からがんばりすぎる傾向があるので，自分の本音に気付くことと，それをそのまま表現できるようになることが大切です。

　過剰適応を改善するには，アサーティブな自己表現の仕方を身に付けることが有効です。アサーティブな自己表現とは，「自分も OK，他人も OK」「自分の感情を大切にすること」「他人の感情を大事にする心がけ」「無理に折り合いをつけようとしないこと」「過剰な要求は断ること」を実行できることです。

　さらに，努力する対価として，心のエネルギーが充足されることも有効です。特に高学年女子は，同性の女子からどれだけ承認され，認められるかが大きなポイントになるため，エンカウンターのエクササイズや心ほぐしミニゲームなどのリレーションを促進する取り組みを行うことで，自己肯定感を高めさせることが重要です。

9月 ルールづくり
夏休み明けのルールを確認しよう

✓ 夏休み明けに起こりやすい生活ルールの意識のずれ

🔑 Keyword　ルールづくりと向社会的行動

生活ルール・子どもの内なる思いの表出

　高学年の9月には，夏休み前に培った，きまりや約束（規範）に対する意識のずれが生じてくる場合があります。次の目標は高学年の子どもたちにつけたい力の例です。このマナーの意識をベースにした上でルールづくりの再確認をすることがポイントになると思います。

　・相手の立場に立って考え，行動することができる

　・自分の役割を自覚し，責任を果たすことができる

　高学年は，思春期まっただ中で，その自立心から，大人に対して不満をもち，反発することも出てきます。また，きまりに対して否定的な見方をする子も出てきます。反面，他者の視点に立って考えることができ，第三者的な視点で物事を見て判断するようになる時期でもあります。

　ルールづくりの意義を考えるとき，向社会的な（行動の）視点から，規範を問い直させたり，より大きな枠組みから規範をとらえさせたりすることが大切になってきます。さらに高学年としては，集団の中において，自分にどのような役割が求められているのかを自覚し，その責任を果たすことができる規範意識を育んでいくことが大切になります。

　※向社会的な（行動の）視点…4つの特徴をもつ，他の人のためになるように意図された自発的な行動の定義（アイゼンバーグ）。

　①その行動が他人あるいは他の人々についての援助行動であること

②相手からの外的な報酬を得ることを目的としないこと

③こうした行動には何らかの損失がともなうこと

④自発的になされること

　学級活動で折り合いをつけることができるかが，大きな問題になります。

　下図はルールづくりと折り合いの関係図です。自分の思いや考えが「強い・弱い」と，クラスや友達への思いや考えが「強い・弱い」をクロスしたものです。

　高学年の９月であれば，理想的には右上の，自分の思いや考えが強く，クラスや友達への思いや考えが強いと，自分にとってもクラスにとってもよい折り合いのつけ方でルールづくりができる状態です。

　しかし現実的には，自分の思いや考えが弱く，クラスや友達への思いや考えが強い場合が多く，本音が言えるリレーション（関係性）ができていないため，リレーションを促進した上で言いやすい雰囲気をつくり，行動目標的なルールとして，生活をよりよくするためのもの・人間関係を豊かにするものを，その後の話し合いの場としてもつ必要があります。

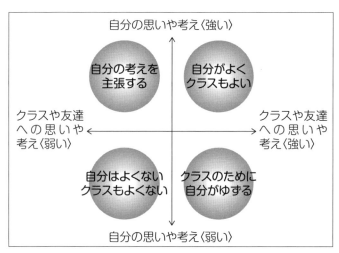

ルールづくりと折り合いの関係図（八巻案）

9月 夏休み明けのおすすめエクササイズ 「今だから言えるんですが」

✔ 高学年夏休み明けのリレーションづくりにおすすめエクササイズ

Keyword 自己開示，他者理解

心理的な距離を縮める自己開示でリスタートを切る！

エクササイズ：「今だから言えるんですが」

ねらい 失敗してしまったことをしっかり受け止め，失敗を乗り越えたり，同じ失敗を繰り返さないという自分なりの意欲をもつ。

準 備 ワークシート，筆記用具

演習（エクササイズ）

(1) 「今だから言えるんですが」の手順を確かめる。

　　自己開示が必要になるエクササイズなので，まず教師がデモンストレーションしてみる。カタルシスを目指す場合は，内面に迫るようなデモンストレーションがよい。

(2) 失敗の経験を思い出し，ワークシートに記入する。

　　A　失敗してしまったこと（内容）　　B　どんな気持ちだったか

　友達に知らせてもよい内容にすることをはっきり伝える。

(3) 失敗してどんなことがわかったかをワークシート©に書く。

　　※特に思いつかないときやない場合は空欄のままにしておき，(3)のときにわかったことや教えてもらったことなどを書いてもよい。ミニエクササイズで取り組む場合は(2)(3)は事前に作業しておくようにする。

(4) 生活グループ（4人組程度）の中で(2)(3)のことを参考に，今だから言え

ること（失敗談）を話す。

〔フレーズ例〕

　「今だから言えるんですが，夏休み中に失敗してしまったことは～で～と思いました。～がわかり（に気付き）ました」

(5)　グループ内で話をして・聞いてどんな気持ちになったかをワークシート
　　Ｄに書く。

　　※自分のことは気付きにくいので，友達のことを聞いてどのように思った
　　　か・どのように感じたかを書くようにさせる。

振り返り（シェアリング）

　全体でシェアリングをする。

　　※ここでじっくり時間をとって，子どもたちのいろいろな思いや感情
　　　（気持ち）を思いつくまま述べる。

　シェアリングは，エクササイズに取り組んでみて「今ここでの気付き」を伝え合う（わかち合う）ことで，自分では気付きにくい自分のよさや個性（自己盲点）を知ることができ，新たな自己発見をねらうことができます。今回のエクササイズでは，教師のデモンストレーションの仕方によってカタルシスの表出につなげることもできるので，子どもたちの実態に応じてぜひチャレンジしてみてほしいと思います。

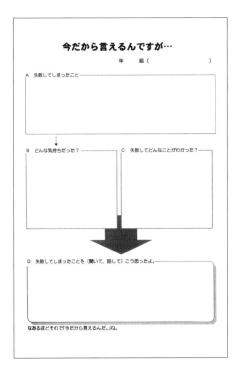

9月 コミュニケーションアラカルト② オープン・クエスチョン

ユニバーサルデザイン

✓ 対人関係・コミュニケーションの困難さへの対応
Keyword オープン・クエスチョン6つの特徴（メリット・デメリット）

対人関係・コミュニケーションの困難さへの対応レベルアップ

　8月の実践では，話を聞く際の何種類かの質問があり「クローズド・クエスチョン」と「オープン・クエスチョン」が基本になることを紹介しました。

　今回はオープン・クエスチョンです。原因にとらわれず解決法を子ども自身が見つけるオープンクエスチョン法を学びましょう。

　オープン・クエスチョンとは，「はい，いいえ」などの回答範囲を設けずに，相手が自由に返答できる質問のことをいいます。具体的には，「5W1H」=「when（いつ），where（どこで），who（誰），what（何），why（なぜ），how（どうやって）」の6つの疑問符を使った聞き方と言うこともできます。

　オープン・クエスチョンを使いこなせるようになると，相手の考えを具体的に知ることができ，会話が広がりますので，コミュニケーションも活発になります。また，相手に考えを深めるきっかけにもなります。

　オープンクエスチョンのいいところは，子どもが自分で考えるという点です。何かトラブルが起きたときなど，原因の追究ばかり気がかりになりますが，「なぜ」「どうして」と聞かれると，問い詰められたり，叱責されたりするような気分になりがちです。「どうする？」「どうしたらいい？」のような事柄を中心に聞く聞き方にすると，子どもは自然に今からすることを視点にして答えやすくなり，反省したり，失敗を素直に受け止めたりできるように

なります。子どもが納得しやすい未来解決法的な対応の仕方を活用しましょう。

オープン・クエスチョンの6つの特徴（メリット・デメリット）

オープン・クエスチョンの3つのメリットは以下の通りです。

①話し手は自由に回答することができる。結果，相手から幅広い答えを引き出すことができるため，会話が深まる。

②相手に考えを深めてほしいときにも活用でき，質問をされた方は新たな気付きが生まれる。

③自分では考えていなかったようなことを考えるきっかけになる。

一方デメリットとしては，以下の3つが挙げられます。

①答えを得るまでに時間がかかる場合がある。

②答えが決まっていないので思いがけない返答が返ってくることがある。

③信頼関係が必要な場合もある。

留意点としては，答えを得るまでに時間がかかる場合があり，相手が今まで気付かなかったような気付きをもたらす質問であればあるほど，相手が答える際に十分に考える時間が必要になるでしょう。

また，答えが決まっていないので，思いがけない返答が返ってくることもあります。よって，質問をする側には相手の答えをしっかりと受け止める姿勢や柔軟性が必要になります。

さらに，相手との心理的距離が近く，信頼関係を築いていることが前提なため，関係が希薄な場合には「別に……」「特にありません」などといった答えが返ってきてしまう場合もあることを心したいものです。

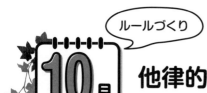

10月 他律的・自律的規範と心理的距離

> ✓ 心理的距離が生活ルールに与える影響と学級生活ルール
> 🔑 Keyword 他律的規範と自律的規範，心理的距離

他律的⇒自律的規範と心理的距離が生活ルールに与える影響とは？

　高学年は，思春期の時期でもあり，その自立心の一つとして大人に対する反発心が見られたり，ルールに対して否定的な見方をする子どもも出てきます。一方で，他者に対する意識が高まったり，第三者的な視点で物事をとらえることができるようになる時期でもあります。

　このような発達の段階を踏まえて，ルールの意義を考えるとき，向社会的な行動に向けてルールを問い直させたり，より大きな枠組みからルールをとらえさせることがポイントになってきます。

　集団の中においては，自分にどのような役割が求められているのかを自覚し，その責任を果たそうとする規範意識を育んでいくことが大切です。低，中，高学年において段階的に指導し，子どもたちにつけたい力を身に付けさせていくためには，規範意識の高まりと広がりを考え，指導を工夫していくことが大切です。学年が上がるにつれ自分自身の意志で守ることができるように，規範意識を他律的行為（自らの意志によって律せられていない場合の行為）から自律的行為（自らの意志あるいは理性によって律せられている場合の行為）へと高めていくことが求められます。

　そのためには，教師の支援を少しずつ減らし，子どもが主体的に考えていけるように，指導や支援の方法を移行させていくことが必要です。

　右図は「他律的⇒自律的規範と心理的距離の関係図」です。左側のタテの

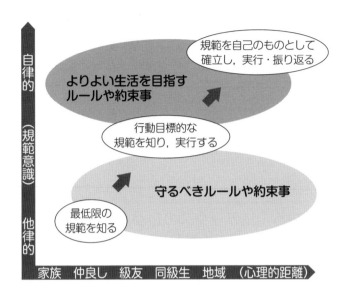

他律的→自律的規範と心理的距離の関係図（八巻案）

イメージが他律的から自律的へと移行するとイメージしてください。ヨコ軸は心理的距離が自身にとって近い関係から遠い関係の順に並んでいます。

　低学年では，他律的で最低限の規範を知る段階として「守るべきルールや約束事」を学びます。中学年では，他律的＋自律的で行動目標的な規範を知り，実行します。そして高学年では，規範を自己のものとして確立し，実行・振り返りをします。この中で「よりよい生活を目指すルールや約束事」を身に付けることができます。

　学級活動では，「教師が意図して，規範の大切さを子どもに気付かせていく活動（他律的）」から「子どもが必要な規範に気付き，規範を考え，つくっていく活動（自律的）」に変化していくことを示している計画もあります。図を参考にして，今学ばせる規範意識がどの段階にあるかをチェックしながら学級づくりに取り組みましょう。

10月 怒りの感情と向き合う アンガーマネジメント

✓ 認知行動療法を援用した "怒りの感情コントロール"

Keyword アンガーコントロール

ストレスを知る・リラックスのしかたを知る

　10月は学校行事などで高学年が活躍する場面が多い反面，友達とのトラブルで感情的になる場面なども見られます。特に，感情のコントロールが苦手な子どもは，怒りの感情を，暴力やひきこもり，自傷といった非社会的行動で表現するケースが見受けられます。

　怒りの感情をうまくコントロールできる子どもを育てることは，安心で安全な学級づくりには欠かせない教育的課題の一つでもあります。

　怒りの感情のコントロール力を高めるには，次の2つが大切であるといわれています。

　①怒りの感情に気付くこと

　②怒りの感情を自分でコントロールできるという自己効力感をもつこと

　そこで，認知行動療法の手法を援用して高学年の子どもに学んでもらい，子どもの怒りの感情のコントロール力を高めさせていきます。

　認知行動療法では，ある出来事に対して生じている，自分の「認知」（出来事のとらえ方）・「感情」（出来事が起きたときの気持ち）・「行動」（出来事が起きたときの行動）・「身体の変化」に対しての気付きを促していくことに主眼を置いて対応することがポイントです。

　次に，認知・感情・行動・身体の間でお互いに及ぼし合っている悪影響のパターンを理解させていきます。そして，本人が観察したり，修正したりす

ることが比較的容易である「認知」や「行動」の選択を広げていくことで，つらかった感情を緩和し，適応行動を増やしていくというものです。

認知行動療法を援用したステップ例

怒りを感じた場面での具体的な状況と自分の状態を確認します。

状況…怒りを感じた場面（いつ，どこで，誰と，どんな状況で，どうした等）

感情…怒りを感じた場面で感じた気分・感情の内容とその度合いを確かめます。（例：「怒りのメモリ＋温度計＋０〜５度のうち何度か」）

認知…怒りを感じたときに浮かんだ考えやイメージとその「サイズ」を表明します。（例：「自分は嫌われていると思う＋４」）

行動…怒りの感情の結果として自分のとった行動を確認します。（例：「保健室で１時間だけ休む」）

身体…怒りの感情の結果として生じた身体の変化を確認します。（例：「頭があつくなり，心ぞうがドキドキした」）

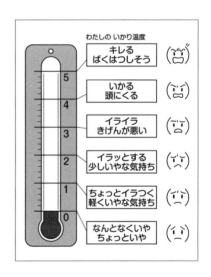

このように自分の怒りをポイント化・言語化することで，激怒するパターンがわかります。キレる前の対応策を練る材料にしましょう。

10月 カウンセリング 本当の気持ちを伝えるための エンプティチェア・テクニック

✓ ゲシュタルト療法の手立てを学び活用する
Keyword 「エンプティチェア」で学級づくり

エンプティチェア・テクニックとは？

　高学年の10月頃になると，なかなか本音で語らなかったり，意固地になって自分の主張を曲げない子どもが見られます。そのような場合には，人との関係性や様々な感情に気付くことができる"エンプティチェア・テクニック"が有効です。

　「エンプティチェア・テクニック」は「空椅子の技法」と呼ばれるゲシュタルト療法の代表的なアプローチ法の一つです。

　2つの椅子を用意し，1つに本人が座り，もう1つに対話したい人物を座らせて，あたかもその人物がいるかのように対話をします。あるいは自分の中に存在するもう1人の自我・異なる考え，腰痛・頭痛などの症状と対話することもあります。ロールプレイとは違い，相手の立場で理解したり，役割を演じたりするものではありません。直接かかわりのある人になりきって，その関係の中で起きていること，かかわり方，内面にある様々な感情などに自分自身で気付き，それを受け入れていくプロセスを体験するためのものです。

　ゲシュタルト療法は，未完結な問題や悩みに対して，再体験を通して「今ここ」での「気付き」を得る心理療法です。心と身体は一体であるという視点から，言葉だけではなく，非言語的な表現も重視するのが特徴です。

　NLP，交流分析の再決断療法，コーチング，フォーカシング，アートセ

ラピーなどにも多大な影響を与えています。

　エンプティチェア・テクニックでは「葛藤する対人関係」や「自己の中の矛盾した考え」を統合できるようになるといわれています。人には葛藤を抱える他者や自己があります。他者は両親や教師などの人間関係，自己は「～すべきではない」「～したい」などの異なる考えなどです。そして，それらは分離した部分，対立した状態であると言えます。

　しかし，ゲシュタルト療法では，嫌な感情，否定的な気持ち，ネガティブな態度も，全体の一部であると考えます。他者や自己とのかかわりの中で生じたものは，自分自身がつくり出しているものと気付く必要があります。

　葛藤を抱える他者や自己との対話で，利害関係や実際の関係のために表現できなかった本当の気持ちや感情，自己の中の矛盾した考えなどを素のままに表現します。そうすることで，それらを否定するのではなく受け入れて統合する支援を行うことができるのです。

お母さんに言いたいことをうまく言えない女子の例

①片方の椅子に座り，別の椅子にお母さんがいるとして，お母さんに対して言えないこと（自分なりにはがんばっていること等）や日頃思っている不満（だから妹と比べないでほしい等）を語ります。

②次に反対側の椅子に座り，母の役になりきって自分が母からどう映って見えているのかを話します。一人二役をこなし何度も何度も意見をぶつけ合います。

③自分でやりとりをする中で，母の思いに気付いたり，自分の思い違いに気付いたりすることもあり，不安や不満の解消に役立ちます。

　友達との思い違いや意識のずれの修正などにも活用できます。

10月 前担任と比べようとする 親への対応

- ✓ 前担任と何かを比べる親への対応は，期待感の表れ
- **Keyword** 意識のずれにはリレーションづくり

保護者と教師の意識のずれにはリレーションづくりから！

　最近は以前と違い，毎年クラス替えがある学校がほとんどで，担任も替わるケースが増えています。担任が替われば，前担任と何かを比べることは，自然に起こりますが，親の心理状態としては，①前年度の学年によい印象をもっていて，同じようにしてほしいと願っている，②第一印象やうわさ話があまりよくないために不安や心配がある，などが考えられます。

保護者と教師の意識に気持ちのずれがある例

　保護者のAさんは，前担任が学級だよりを毎日発行していて，現担任も同様にしてくれるだろうと思って，依頼してきました。T教諭としては"毎日"発行することに対して抵抗は感じていたようです。さらに，教育心情として親子のコミュニケーションの大切さについて，持論があったのでその旨を伝えましたが，Aさんにはその段階では通じなかったようです。それどころか，自分の弱点を指摘されたと感じてしまい，気持ちがわかってもらえない不安から，他の保護者と一緒に来校しました。

◥ 相手の気持ちに寄り添うやりとり（よい対応例）

教　師　先日お電話でお話ししたように，子どもたちの様子がわかるように
　　　　できる範囲で学級だよりは出したいと思います。私は，毎日発行す

るのは難しいと思いますが，行事や日頃の出来事のほかにも，子ど
もたちの作文や日記も紹介したいと思います。

保護者　先生はそのように思っていらっしゃったのですね。前にお話したと
　　　　きに「おたよりよりも直接話をする方が大事だ」とおっしゃってい
　　　　ましたから，まるで我が家には親子の会話がないような言い方をさ
　　　　れたのかと思い，学級だよりも出したくないのかとも思ってしまい
　　　　ました。すみません，私の早とちりでした。

教　師　すみません。そのようにとらえていたとは思いませんでした。私の
　　　　言い方が悪かったようですね。謝罪いたします。学級だよりは，間
　　　　違いなく出します。これは前任校で昨年出したおたよりの冊子です。

保護者　こんな素敵なおたよりを出されていたのですね。今度の先生は学級
　　　　のおたよりを出さないといううわさ話が聞こえてきたのでつい……。
　　　　大変失礼しました。どうかお気を悪くしないでください。

教　師　こちらこそ，みなさんと早く信頼関係がつくれるようにがんばりた
　　　　いと思いますので，よろしくお願いします。

　まず保護者の気持ちに十分に寄り添い，共感の姿勢を見せた上で，教師側
からの自己開示をすることで，保護者が教師を身近に感じられるように伝え
ることから始めます。ある程度のリレーションが促進されると，防衛的な姿
勢がとれて，前担任と比べるような言動は減ります。

　学級だよりが定期的に発行できるようになったら，学級の様子だけでな
く，担任の考えや，子どもとのやりとりなどもおたよりで知らせる（学級開
示）ことで，担任への信頼感を徐々に増やしていきたいものです。

11月 愛着障害から子どもを深く理解しよう

- ✓ 高学年対応の児童理解を学ぶ
- 🔑 Keyword 愛着障害の子ども

「愛着障害」を意識して

　11月，高学年のこの時期は，クラスのまとまりが感じられるようになってきます。反面，特徴的な言動で目立つ子が見られはじめる時期でもあります。最近，高学年でも愛着障害の子どもが見られるという報告もあります。

　愛着障害とは，母親をはじめとする保護者との愛着が何らかの理由で形成されず，情緒や対人面に問題が起こる状態のことを言います。本来なら乳幼児期に保護者ときちんと愛着を築くことができないと，過度に人を恐れる，または誰に対してもなれなれしい，といった症状が表れることがあります。

　原因は特定されていませんが，ネグレクトや発達障害，適切なサポートや援助の不足，保護者の貧困などいろいろ要因があるようです。

　愛着障害は，「愛着（特定の人に対する情緒的なきずな）」が形成できていないことで起こります。

　なんらかの対人関係や社会性に困難がある状態で，学校では，気持ちのつながりをうまく結べずに人とバランスのとれた関係性がつくれなかったり，心が不安定になったり，ストレスが身体に出やすかったりといった，社会性や対人関係に困難のある状態の子がいる場合も考えられます。

Check! ✔ 愛着障害が疑われる子どもの反応例

☐ TPO（時・場所・場合）をわきまえず近くの子に話しかける

☐ 異常に教師とスキンシップをとりたがる

☐ 自分を見てほしくて「見てちょうだい行動」をする

☐ 教師に別の子の問題行動を報告（告げ口）に来る

☐ いじめられたり，たたかれたりしても，されていないと主張する

☐ 他人の痛みがわからないなど，何事にも冷めた感じで対応しようとする

☐ 常に腹痛を訴える，爪を嚙む，指をしゃぶるなどして保健室に行きたがる

〔対応例〕

・目を合わせてコミュニケーションをとる…一緒にいて安心できる存在であるという体験を積み重ねる。

・活躍の場面を意図的につくる…授業中や係活動，当番的な活動などで，活躍場面をつくり，教師が意図的に取り上げて全体に紹介する。

・ほどよいスキンシップを体感させる…握手や一瞬指相撲，背中合わせで会話をするなど，男女差にも配慮しながら，身体のぬくもりを感じる体験をさせる。

・心情や感情の共感をする…痛さやつらさを言語化させたり，数値化（例：痛さは指10本のうち何本分）したり，量感を表現（例：風船にするとどのぐらいの大きさになる？）したりさせる。

・保護者との連携…教師と保護者とのリレーション（関係性）を促進するように，意図的に肯定的な面も含めて連絡のやりとりをしたり，子どもを介して意識的に保護者と連絡を取り合えるように配慮したりする。

・朝の会・帰りの会の工夫…笑顔であいさつ，〇人と握手，あいこじゃんけん大会など，子ども同士のリレーションを促進させる。

11月

児童理解

11月 友達理解のエクササイズ 「キラッと光るあのいっしゅん」

- ✓ 子ども目線の友達理解とリレーションづくり
- 🗝 Keyword　他者理解

子ども目線の友達理解とリレーションづくり

　高学年の子どもたちも，これまでの8か月間のかかわりを通して，互いのことを深く理解できるようになります。12月に向けては，相手のよさや弱点などに気付いたり，理解したりできる子どもが増えるようになります。

エクササイズ：「キラッと光るあのいっしゅん」

ねらい　【リレーションの促進】クラスの友達の中でキラッと光る言動をしていると感じる友達が誰かを確かめ，そんな素敵な友達がいるクラスのよさに気付くことができる。

準　備　ワークシート，色鉛筆

インストラクション（説明）

・クラスの中で，ワークシートの言葉（例：自分の考えをもっている）に当てはまる人がいるかを考え，いる場合は☆マークに好きな色をぬる。

・空欄には，自分が考えた言葉を書き込み，好きな色をぬってよい。

エクササイズ

(1)　クラスの中で，ワークシートの言葉に当てはまる人がいるかを考え，いる場合は☆マークに好きな色をぬる。

　　〔ワークシートの言葉例〕

　　☆やさしい　☆楽しい　☆得意なものがある　☆アイディアをもっている

☆困ったときに助けてくれる　☆いろいろなことを知っている
☆夢中になれるものがある　☆頼りになる　　等
・☆マークの空欄（ワークシートに余裕があって追加が可能なとき）に
　は，自分が考えた言葉を書き込み，好きな色をぬってよい。
(2)　教師が言葉を一つ一つ読み上げ，自分が色をぬったものが該当すれば手
　を挙げて確かめる。

シェアリング

(1)　個人ごとに「キラッと光るあのいっしゅん」をしてみて，次のことを振
　り返る。
　・☆をいくつ見つけることができたか。
　・自分もまねしてみたいなぁと思うものはいくつあったか。
　・そんな友達のいるクラスをどう思うか。
(2)　自分と比べての感想や，友達のすごいと感じたことなどを振り返る。
(3)　自分が振り返りをしてみて，
　他の友達にもぜひ紹介したいこ
　とや感想等を希望者が発表する。

　エンカウンターは，万能薬では
ないので，「クラスの荒れには対
応できない」と考えている方が多
いようですが，そこで起こる「抵
抗」が新たな自分のよさの発見に
つながると思えば，互いのよさを
振り返るエクササイズは高学年で
も有効です。

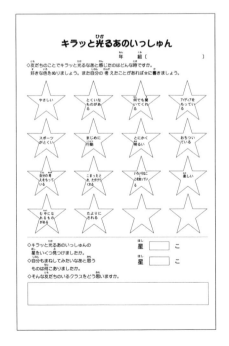

3章　やまかんメソッドを生かした365日の学級経営　**147**

11月 ソーシャルアトムでロールプレイ「そのときの気持ちは…」

✓ けんかやもめごと等 "そのとき" の気持ちを椅子を使って表現する

Keyword ソーシャルアトム（椅子を使って）

「ソーシャルアトム（椅子を使って）」ですっきり解決

エクササイズ：「そのときの気持ちは」

ねらい けんかやもめごと等があった後で，"そのとき" の気持ちを椅子を使って表現することで，どのような気持ちだったかを確かめ，自分と周囲の人たちとの人間関係を客観的にとらえることができる。

説明（インストラクション）

けんかやもめごとなどのトラブルの解決に，その時点でのお互いの気持ちのずれを椅子で表して，どのような気持ちだったかを明らかにすることで，解決の糸口を見つける。

・自分の気持ちの整理

演習（エクササイズ）

(1) 3人組になり，自分にとってジレンマ（葛藤，板挟み）を感じる場面をシナリオにして他の2人にロールプレイしてもらい，自分に置き換えてとらえる（順番を決めて行う）。

※シナリオは，グループのメンバーで考えて作るか，誰かの例をもとに考えてもよい。

「友達や家族とのやりとりで，すっきりできなかったときや，うまく自分の気持ちを伝えられなくてモヤモヤ気分になったことはありませんでしたか。

そんなときには，椅子を使って，相手の人との "心の距離" や "どのように気持ちが向いているか" を表すことで，あなたの気持ちを伝える方法があります。あなたもはっきり，すっきり自分の気持ちを相手に伝える方法を身に付けてみませんか」

(2) 自分から見て相手の人とのその時の関係を椅子で表す。

「2つの椅子を自分と相手と見立てて，"そのとき" の気持ちがわかるように，椅子を動かしましょう」

【「そのときの気持ちは…」のやり方】
①そのときの椅子の場所はどのぐらいはなれていますか？
②そのときの相手の人に対する気持ちの向きはどちらを向いていますか？
③なぜそのようにしたかを説明してください。

〔取り組み例〕
①普段は仲が良いので横向きに置く。
②けんかをしたので，相手の椅子を話して逆さまにし，自分の椅子は相手に背を向けるように置く。
③自分の筆入れから勝手に文房具を持っていき使われたので，何度もやめてと言ったのに，やめてくれないから。

振り返り（シェアリング）
(1) 気付いたこと，感じたことを振り返る。
(2) それぞれのグループから，おすすめの解決場面を発表してもらい，全体の前で紹介（ロールプレイを）する。

カウンセリング

11月 ワンネス・ウィネス・アイネスを意識した叱り方

✓ 高学年でも納得できる伝え方（叱り方）を覚える

🔑 Keyword ワンネス・ウィネス・アイネス

叱る目的と叱り方

　高学年の子どもを叱ることは，よほど気を付けないと遺恨を残すことにもなりかねません。叱るスキルを身に付けて，しっかり対応しましょう。

　叱る目的は，大人になったとき困らないような社会のルールや道徳性を身に付けさせることにあります。我々教師が叱り方で失敗する原因の一つは，「叱る場面」と「叱る必要のない場面」の峻別がつきにくいことではないかと思います。「学級全体を見回して，みんなにとって不快な行動をやめさせたい」という心情になるのは十分理解できるのですが，それが叱る基準になってしまうと，常に子どもたちの言動が気になり，注意ばかりしてしまうという結果になってしまいます。

　私の考える「子どもを叱る必要のある場面」は，

　①子どもが危険なことをしたとき

　②非社会的・反社会的な言動になりそうなとき（いじめなどの人の権利を奪うことなど）

の2つです。

　叱り方のポイントは，「そのとき・その場で・短い言葉で」「感情的にならず，感情の言葉に表情をつけて言う」「身に付くまで何度でも繰り返す」「時間・場所・場面を考えて，いざとなったら一時終了・強制終了」などです。

　叱る指導が難しいといわれる思春期の頃の子どもたちにわかりやすく伝え

る手立てとしては，カウンセリングの指導・援助に通じる基礎・基本の一つである「ワンネス・ウィネス・アイネス」があります。

　「ワンネス」とは，相手の気持ちをわかろうと努力すること，「ウィネス」は相手に役立つことを一緒にしたり，考えたりすること，「アイネス」は自分の気持ちと考えを打ち出す（主張的に表明する）ことです。それぞれのポイントは次の点です。

- ◪ **ワンネス**…批判的な見方をやめ，「今日はがまんができないほど腹が立っていたんだね」のように，相手の気持ちに寄り添って推測したり，確認したりすることです。
- ◪ **ウィネス**…「これからどうしたい？」「先生も一緒に謝ろうか」のように，疑問形で尋ねて，本人の気持ちを引き出したり，選択肢を示して本人の決断を促したりすることです。
- ◪ **アイネス**…「がまん強い君が殴ったと聞いて私は悲しかったよ」「たたくのはダメだよ」のように，教師自身が自己開示をしたり，自分の思いを自己主張したりして伝えることです。

　この３つのステップは，子どもの側からすると，「自分の話を聞いてくれる」「自分に寄り添って一緒にやってくれる・助けてくれる」「大人の考えをしっかり言ってくれる・教えてくれる」という受け取り方になります。

【気持ちを伝える順序】

　３つを組み合わせて，必ず「ワンネス→ウィネス→アイネス」の順序で行うことが鉄則です。万が一順番を逆にしたり，入れ替えたりして伝えると，叱られたように感じたり，頼りなく感じたりすることもありますので，ぜひご自身でセリフやシナリオを考えて取り組んでみてください。

ルールづくり

12月 集団規範を内面化していく例を学ぼう

ルールづくりのシステム化＋教育相談的工夫

　12月。望ましい学級集団を形成していくためには，子どもたちが集団の規範を遵守し，多様な価値観を認め合いながら，他者と協調して活動することのできる規範意識を育むことが求められます。その集団規範を子どもたちに内面化していくプロセスが高学年には求められます。

　集団規範を内面化していく例として，課題の一つとされている，言いつけや告げ口が適切かを確認していきましょう。

　一般的に言いつけや告げ口は，互いの関係性をよくするためにはあまり好ましくありません。1995年にセルマンが，幼児期から青年期まで5つの「子どもの心の発達段階」の存在を明らかにしています。それによると，高学年は，自分のことを話したい，わかってもらいたいという「こころ」をもつ子ども同士が他者との関係を維持していくために，「自己」の視点と「他者」の視点を両方もち，相互にほどよく調整する能力が要求される時期だというものです。その能力がいずれ，他律的から自律的な言動につながることになります。

　高学年では，他律は悪で，自律は善だという言われ方をする場合もありますが，「その気持ちを表現する力」→自己表現と「他者を思いやり互いを尊重する気持ち」→他者理解の2つがあってはじめて，他人の気持ちや立場を推測する能力「役割取得能力」が備わるということなのです。

言動	相　談	報　告	言いつけ・告げ口
意図	解決してほしい	判断してほしい	改めさせたい
状態	解決・解消	現状・悩みの共有	相手を戒める

　これは，「言いつけや告げ口」と思われていることでも，実際には「相談や報告」としてとらえ直しができるのではないかと思い，整理した表です。

　高学年の場合，ルールやきまり，約束事などを踏まえて状況を判断する力が備わってくるものの，自律的に解決する力が不足している場合があることから，その言動が「相談」や「報告」なのか，あまり意味のないことなのか，「言いつけや告げ口」なのかを見極めることが大切です。

　「相談」では，教師や親から指導やアドバイスをもらいたい，しっかり解決してほしいと思っている場合が考えられます。当事者を集めて事情を聞くことで，現状を確認する必要があります。よって「あなた自身はどのように思いますか？」「どのようにしてほしいですか？」と投げかけてみることがよいようです。

　「報告」は，解決までは要求はしていないが，現状を報告することで，教師や親が判断してくれるのではないかと思うことです。このようなときは，報告することで安心を得たいと思うことが考えられます。中には単に聞いてほしいと思っている場合も考えられます。

　「いじめ問題」についても，告げ口やチクリではなく，勇気ある相談・報告ととらえ直し，トラブル解決や課題解決につなげていきたいものです。

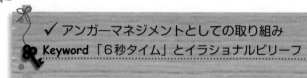

12月 「6秒タイム」とイラショナルビリーフでアンガーマネジメント

✓ アンガーマネジメントとしての取り組み
🔑 Keyword 「6秒タイム」とイラショナルビリーフ

怒っている子どもを責めず，事実確認を

　子ども同士のトラブルでは，できるだけ早くその状況を把握するためにも，子どもたちが感じている「第一次感情」をとらえることが大切です。「第一次感情」を把握するには「事実の確認」が必須です。早急に事実確認を行いましょう。このとき大切なことは，子どもを責めずに，「4W1H」を丁寧に確認することです。4Wは「いつ（when）」「どこで（where）」「誰が（who）」「何を（what）」，1Hは「どのように（how）」です。事実を確認した後，「これからどうしたいのか」，問題解決に向け，お互いの考えを聞くと，第一次感情を引き出すことができます。

　アンガーマネジメントでは，「過去と他人」は変えることができないと考えられています。子どもたちの中にはよく「前にもやられた」「いつもたたかれる」と訴えてくる子もいます。そのような発言は，「過去と他人」に振り回されている状態と言えます。変えられない過去にとらわれてしまっている考え方から，「未来と自分」を変えていく方向へとシフトさせることが重要になります。

アンガーマネジメントは様々な手法や技法を援用しています。その中でも特に覚えておいていただきたいポイントがあります。怒りのしくみや性質を理解し，様々な場面でアンガーマネジメントの手法を活用することで，トラブル解決やストレスの解消などにつながり，学級づくりの質や子どもたちの関係の質も向上します。高学年では，次に説明する２つの考え方を用いるのが効果的です。

◤ 怒りのピークは「6秒」

怒りはとても衝動性が強く，コントロールしにくいものです。一般的に怒りの感情のピークは長くても6秒といわれています。暴言を吐く，たたく，殴るなどの衝動的な行動をしてしまうのが，イラッとしてから6秒間のタイミングということになります。このピークを過ぎると少しずつ怒りの感情が収まります。よって，イラッとしたらこの6秒間をどのようにやり過ごすかが大切なポイントになります。怒りの感情の6秒間ですぐに反応してしまうと，過剰な反応になり，さらに暴言を吐いて言い返したり，仕返しをしたりするなど，抑えのきかない事態を招きかねません。まず，売り言葉に買い言葉をしない，過反応の行動に出ないよう心がけましょう。

◤ 思考のコントロール「イラショナル・ビリーフ」→「ラショナル・ビリーフ」

怒りの原因になる「イライラ」の多くはどこから生じてきたのでしょうか。答えはズバリ，「〜ねばならない」的な価値観にあります。論理療法では同じ出来事があっても，誰もが同じ感情を抱くわけではない，ビリーフ（考え方）が感情を決定していると考えます。ビリーフには「ねばならない」「must」といった固定的なイラショナル・ビリーフと，「好ましい」「better」といった柔軟なラショナル・ビリーフがあります。そしてイラショナル・ビリーフからは不健康でネガティブな感情，ラショナル・ビリーフからは健康でネガティブな感情を抱くということを確認しましょう。

3章　やまかんメソッドを生かした365日の学級経営　**155**

12月 コミュニケーションアラカルト③ スケーリング・クエスチョン

✓ 質問技法を活用し，数値化したり，メモリを決めたりして質問する

🔑 Keyword　スケーリング・クエスチョン

集団の中で自己を生かすために

　子どもが集団の中で自己を生かすためには，集団内の様々な人々と適切にコミュニケーションをとり，協力し合って活動する必要があります。相手を知るためにある質問技法の一つにスケーリング・クエスチョンがあります。

　スケーリング・クエスチョンは，個人の置かれている状況，能力，目標，実現性というような抽象的な要素を，数値を用いることで取り扱いやすくするのに効果的といわれています。抽象的な要素を数値化すると，誰が見てもわかるようになります。

スケーリング・クエスチョンは程度を把握したいときに有効

　スケーリング・クエスチョンとは様々な状態を数値で表現してもらう質問のことです。例えば「全くできなかった状態を0，よりよくできた状態を10としたら今はいくつですか？」のように数字に置き換えることで具体的に答えてもらうことができます。

　スケーリング・クエスチョンを使って質問すると，相手は頭の中でスケールをイメージしてそのスケールのいくつか，自分はどのあたりにいるかを考えることになります。数値化してみることでお互いにそのイメージを共有することができます。

例えば，「あなたが今，暗い気持ちでいるのを，点数で教えてもらえますか？　今まで感じたよくない状態を0，一番よい状態を10として考えてください」のように，学級づくりでトラブルが起きたときの事実確認の際に，表面的に見えにくい心情や感情を表明するのに使うことができます。

　また，「無視されたときの嫌な気持ちは1〜5のメモリだとすると，どのぐらいになりますか」「たたかれたときの気持ちは風船にするとどのぐらいの大きさですか？　それには重さはありますか？　スイカより重いですか？」と，抽象的な要素が1〜5の数値や実物の重さで量感をもって表現されることによって，誰が見てもわかるようになります。

　つまり，数値をきっかけにして，具体的に，「何が問題で，何が問題でないのか」ということを整理していくことができるようになるわけです。

　さらに，問題でない部分，すなわち，できている部分があることがわかれば，そこを掘り下げていく質問を続けることにより，もっている資源や解決へ向けてのヒントを見つけていくことができます。

　例えば，スケーリング・クエスチョンに対して子どもが答えた評価が4だった場合，
「あなたが4という評価をされたのはどういったことですか？」
という質問をすれば，できている部分や強みを掘り下げることができやすくなります。

　「あなたが4を5に1つ上げるには何が必要だと思いますか？」
という質問をすれば，子ども自身で解決への糸口を見出したり，子どもがもっている資源を発見しやすくなったりします。

12月 子どもの言葉を鵜呑みにする親への対応

✓ 子どもの言葉を鵜呑みにする親への対応
Keyword 教師と保護者，保護者同士のリレーションを形成

保護者の気持ちに寄り添い「私メッセージ」を伝える

　子どもの言葉を鵜呑みにする親のタイプとしては，①我が子が家庭で見せる言動が親の子育ての意図に合っている場合（親の価値観から見える良い子），②親として我が子を守ろうという思いが強すぎる場合（過保護，過干渉），③我が子に非がありそうなとき，保護者である自分への評価と感じて事実を受け入れたくない場合（逃避，責任逃れ）などのケースが考えられます。

　これらを解決する取り組みとしては，教師と保護者のリレーション（相互に構えのない親和的な人間関係）を形成すること，保護者同士の人間関係を促進することの2つが必要です。

相手の気持ちに寄り添うやりとり（よい対応例）

保護者　うちの娘の話だけ聞いてもらえないと言っているのですが，本当ですか？

教　師　Aさんがそのように言っているのですね。すみません。はっきりとした心当たりはありませんでしたが，Aさんに嫌な思いをさせてしまったのでしょうね。特にどのような場面だったかはお母様に話していましたか。（事実の確認）

保護者　ええ。学習のことや掃除のことをお話ししたかったそうなのですが，

　　　　　自分だけ聞いてもらえなかったと言っています。（事実の把握）

教　師　そうでしたか。気配りが足りなかったようで申し訳ありません。A
　　　　　さんにとって大事な話を聞き漏らしていたのかもしれませんね。明
　　　　　日しっかり話を聞かせていただきますので，Aさんに伝えていただ
　　　　　いてもいいでしょうか。Aさんからは，時々，ご家族でお出かけを
　　　　　したことやみんなで本を読む日があることを聞き，我が家でもまね
　　　　　をさせていただいていました。（関係性の確認）
　　　　　身近に感じていつでも話を聞いていると，安心してしまっていたの
　　　　　かもしれませんね。（感情的な言葉に触発されない対応・自己開示）

保護者　先生もお忙しいでしょうが，ぜひ娘の話も聞いてやってください。

　親のタイプ①我が子が家庭で見せる言動が親の子育ての意図に合っている
（親の価値観から見える良い子）場合では，親子の価値観が似ていることを
変えることは難しいことなので，無理に説得しようとすると拒絶的態度をと
られてしまうこともあります。Aさんも含めた子ども全員の努力やがんばり
を認める場面を拾い集め，それを学級だよりや懇談会で明らかにしていく
（学級開示）と，親自身も教師や他の人の意見を聞き入れやすくなります。

　タイプ③我が子に非がありそうなとき，保護者である自分への評価と感じ
て事実を受け入れたくない（逃避，責任逃れ）と思っている場合では，まず
子どもの目線に立ちながら，"聞いてもらえない"感覚を一緒に味わってみ
る（共感）ことです。その後伝えたいことを「私メッセージ」（"私"を主語
にした言い方）で伝えることで，ほどよい距離感を保ちながら教師の気持ち
を伝えることができます。

1月 児童理解

自己肯定感の視点を大切にした児童理解

✓ "自分もよく，相手もよい"関係の把握
🔑 Keyword I am OK, You are OK（自他肯定）

高学年の1月で大切にしたい児童理解

1月は，新年を迎え，やる気とがんばろうという気持ちが見られ，落ち着いた雰囲気で学級生活を過ごすことができるようになる時期です。

自己肯定感を育む必要があるこの時期の子どもたちへのおすすめの児童理解の仕方には，"I am OK, You are OK"（自他肯定）の意識になるような"自分もよく，相手もよい"関係になっているかを把握することです。

今の時期に実施すると効果的なわけは…

自己肯定感とは，自分という存在を否定するのではなく，欠点や短所も含めたありのままの自分を肯定的に認め，自分らしさを好きになり，身近な人間関係の中で，自分を価値あるものとして思えるようになることだといわれています。

次頁の図は，自己肯定感（I am OK）と，他者肯定感（You are OK）の関係図です。

象限1の"I am OK, You are OK"（自他肯定）は，自分と他者との存在価値を同じように重要なものとして認め，受容しています。問題や課題に直面した場合も，現実的に解決することができます。人を大切にする気持ちは，まず自分から……というタイプです。

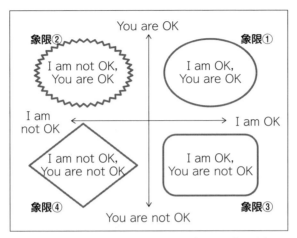

I am OK（not OK），You are OK（not OK）関係図

　象限2の "I am not OK, You are OK"（自己否定・他者肯定）は，相手への思いを優先にしてしまい，自分の意見を言えない子等が考えられます。過剰適応したり，依存が強くなったりする可能性があり，中1ギャップといわれる不適応になりやすいタイプです。

　象限3の "I am OK, You are not OK"（自己肯定・他者否定）は，わがままで，身勝手な言動が多く，相手の状況を考慮せず自己中心的な言動が多いタイプです。

　象限4の "I am not OK, You are not OK"（自他否定）は，自分の存在を見失い，自暴自棄になって生きていくことへの希望を見出せないでいる子，学校生活や家庭生活に興味や関心がもてず，意欲を失ってしまいがちなタイプです。

　かかわり合いは，自分に対する自信をもち，希望をもって今後の学校生活に，潤いと張りのある生活をするきっかけをつくることができます。さらにどうしたら，「自分の弱点をプラスに生かせるか」を考えて，実行していくことで，"I am OK" という気持ちが生まれてくるでしょう。

1月 教師のタイプ別傾向を知って ルールづくりに生かそう

✓ 指導タイプは指導のくせでもあり,ルールや約束事の定着に活用できる

Keyword 教師の指導タイプとかかわり方のモデル図

ルールを守らない子どもの心理状況

下図は,「教師の指導タイプとかかわり方のモデル図」です。教師の指導タイプとかかわり方の傾向をクロスさせたもので,強みや弱みを意識してご自身の指導の目安をもち,指導の際の参考にしましょう。

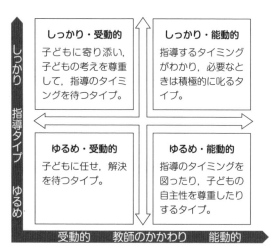

教師の指導タイプとかかわり方のモデル図（八巻案）

▨ しっかり・能動的タイプ（右上）

生徒指導・生活指導場面に応じて,指導するタイミングがわかり,必要な時は躊躇せず積極的に叱るタイプです。指導の際も,ポイントをおさえて指

162 3学期の学級経営

導できるので，周囲からは頼もしく思われるタイプです。反面，経験や勘に頼ることもあり，子どもの気持ちをくみ取りにくく，子どもたち自身が自ら気付き行動修正しようという意欲をもちにくくなります。癖や特性などの課題をもつ子どもには，傾聴技法を使って，話を聞く姿勢をもって対応するように心がけて指導しましょう。

▧ しっかり・受動的タイプ（左上）

子どもに寄り添い，子どもの考えを尊重して，指導のタイミングを待つタイプ。このタイプは，子どもの気持ちに寄り添ったり，子どもの声を積極的に聞こうとしたりする姿勢をもっているので，親しみを感じやすく，子どもからの人気が高い教師が多いです。反面，心理的な距離が近いこともあり，声をかけすぎたり，気持ちに寄り添いすぎたりするあまり，叱るべきときに叱ることができずにタイミングを逃してしまう可能性もあります。特に，授業中のしつけやルールが身に付いていない子どもには，気概をもって接する必要もあることを心がけて対応しましょう。

▧ ゆるめ・能動的タイプ（右下）

指導のタイミングを図ったり，子どもの自主性を尊重したりするタイプです。このタイプは，子どもの自主性を尊重するので，互いに解決に向けて話し合える高学年や学級の成熟度が高い学級ではとても有効に機能します。しかし，授業中のおしゃべりのように，はっきりした学級の生活ルールとして判断しにくいような課題の場合，子どもたちに委ねてしまうと，一部の主張の強い子どもの発言に左右されてしまう危険性もあり，注意が必要です。子ども同士が気持ちよく過ごせるルールの一つとして「おしゃべりは周囲に不快を与える行為」であることが認識できるよう声がけしていきましょう。

▧ ゆるめ・受動的タイプ（左下）

子どもに任せ，解決を待つタイプです。このタイプはめったにいないかと思いますが，放任してしまうので，ルールとリレーションが成立していない状態になります。叱る指導を考える以前に，教師としてのソーシャルスキルを再度検討する必要があると思います。

1月 エンカウンターミニエクササイズ 「○○といえば」

✔ 集団の凝集性を高めるエクササイズでリレーションを促進しよう

Keyword 凝集性，エンカウンターミニエクササイズ

集団の凝集性を高めるポイントは自己開示

　1月，この時期は学級集団のまとまりが話題になることがあり，親密化した凝集性を高めるリレーションづくりが求められます。

エクササイズ：「○○といえば」

ねらい　【自己・他者理解】クラスの友達のよさを見つけ，いろいろなよさをもっている友達がいることを知り，自己理解を促進する。

準備　ワークシート

流れ

(1)　ワークシートに，テーマに合うと思う友達の名前を記入する。
　〔「ワークシートのテーマ」の例〕　○本読みが上手　○そうじがていねい
　○みんなにやさしい　○歌が上手　○文字がていねい　○計算が速い　等
　※次頁の図ではクラスの半数程度記入できるように18のテーマを示したが，クラスの実態や発達課題などによってテーマ数や内容を変えることも可能。一人1回ずつ記名する。
　※思いつかないときは空欄のままでよい。

(2)　ワークシートに書いたものを，1つ目のテーマから順次発表していく。

(3)　自分の名前が発表されたら，そのテーマを丸で囲む。

(4)　発表された友達の名前と同じ名前があれば丸で囲む。

(5)　自分の記名したものが違っている場合は，その友達が出るまで手を挙げて発表を待つ。

(6)　空欄の場合で，友達の発表を聞いて自分が納得できた人が出た場合，その人の名前を書く。

(7)　全員で「なぁるほどコール」を言う。

(8)　全体でシェアリングする。

　一人一人の子どもをとらえ直すよい時期です。特に子ども自身が，自分自身にじっくり正対する時間を設けることは，価値のあることでもあります。

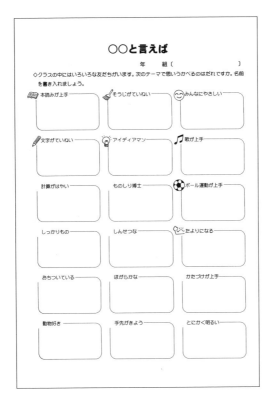

1月 ストレスマネジメントを活用した心のケア

✓ ストレス理論を学び，ストレス解消の仕方の基本を覚える

Keyword ストレスマネジメント，心のケアとリラックス反応

ストレスマネジメントで心身のケア

　高学年の１月。この頃になると学級も安定している場合が多いので，個別の課題としてストレスを抱える子が目立ちはじめます。

　ストレス理論では，いろいろな出来事と，人間の行動や心身の反応との関係を，次のように説明しています。その関係は図の通りです。

　人間は，人生の中で様々な出来事（ストレッサー）に遭遇するが，その遭遇した出来事が自分の対処能力を超えた脅威であると感じるときに，ストレス反応と呼ばれる症状や行動を生じさせる。

| ストレッサー | → | 認知的評価／対処能力 | → | ストレス対応(心・行動・身体) |

ストレスが起きるメカニズム

　ストレスの原因となる刺激や要求などを「ストレッサー」と呼びます。

○「ストレス反応」とは，何らかの刺激や要求に応じようとする生体の緊張（ストレイン）状態・反応のことで，心理面，行動面，身体面の反応として現れることを言います。

○「認知的評価」とは，あるストレッサーを脅威と認知（判断）する心の働きのことです。この認知的評価の基準は，自分の力で対処・対応ができる

か否かによります。よって個人ごとのストレスの度合いは，それまでの経験値により異なります。

この"ストレス理論"は，「自分の意思でコントロールできないものと理解していた情動（怒り，恐れ，喜び，悲しみなど，比較的急速に引き起こされた一時的で急激な感情の動きのこと）や身体の症状は，自己コントロール可能である」という新たなものの見方・考え方の認識の枠組みへと変化するきっかけを得ることになります。

この新たな見方・考え方での認識を受け入れることで，自分を支配していた問題や症状がコントロール可能な対象へと変化することになると考えられています。

心のケアとリラックス反応

高学年の子どもでストレスを感じやすい子は，自分のものの見方や感じ方にゆがみをもっているケースが多いと感じます。心のケアとしては，ストレス反応を取り除き心身を健康な状態に回復させること，あるいは予防することです。ストレス反応は，脅威であるストレッサーに対する心身の防御反応の結果ですが，本来機能すべき休息や心を落ち着かせる機能が十分に働かない状態と考えることができます。

従って，意図的にリラックスできる状態をつくり，心身の回復機能を活性化することが，ストレスによる様々な問題を解消・予防することになります。

セルフリラクゼーションの例

・10秒呼吸法…息を口からゆっくりと吐き出し，吸う。
・漸進性筋弛緩法…身体部位に力を入れ（緊張），保持した後，力を抜く。
・肩の上下リラクゼーション…肩の上げ下げで力をストンと抜く。

トラブル解決（個別）

2月 ストレスマネジメントを活用した課題解決

✓ ストレスマネジメントを活用した課題解決４つのステップ
Keyword ペアリラクゼーション

ペアリラクゼーションでストレスマネジメント

　高学年の２月，学習も生活もまとめの時期です。進級や卒業に向けてやる気と緊張が起こりやすい時期です。そのような時期には，ちょっとリラックスできる方法としてペアリラクゼーションを紹介します。

　主に次の５つのステップで行い，全体の様子を観察して抵抗がなければ，繰り返し数回実施します。

①課題の全体を説明する　②構えの姿勢をつくる　③深呼吸でリラックス
④肩に手を置く人の気持ち　⑤肩を反らす

①課題の全体を説明する

　「今から『肩を開き，脱力する』という動作をしてもらいます。ペアになって，一人は椅子に座って肩を開いて脱力します。もう一人は座っている人の後ろに立ち，座っている人が肩を後ろに開いて脱力するのを手伝います」

②構えの姿勢をつくる

　「椅子に座っている人は背もたれにつかないように浅く座り，背筋を伸ばして，上体を楽にします。頭は少しあごを引いたぐらいで，まっすぐ前を見て楽な気持ちでいます。他の部位（肩や腰，お腹）に余分な力が入らないようにします。準備ができたら軽く目を閉じるようにして気持ちを集中します」

③深呼吸でリラックス

「ゆっくり大きめに鼻から息を吸って，口からゆっくりと吐きましょう。気持ちが集中できた人は軽く目を閉じて自分のからだの感じや気分を感じてみましょう」

④肩に手を置く人の気持ち

「後ろに立っている人は，前に座っている人を気持ちよくさせるために，どのように肩に手を置いたらよいのかを考えながら，ゆっくりと肩に手を置きます。手は肩を包むようにしておきましょう。座っている人は，立っている人の手の感じや温もりを十分に感じてみてください」

⑤肩を反らす

「座っている人は，息を吸いながらゆっくりと肩を開きます。立っている人は座っている人の肩の動きに合わせてあげましょう。自分で肩を開くことができるところまで十分に開いて止めます。今度は息を吐きながら「フーッ」と力を抜きます。力を抜き終わったら，自分のからだや気持ちがどうだったかを振り返ってみましょう。お互いにシェアしてみましょう」

⑥繰り返し（子どもの反応状態を見て，数回繰り返す）

　子どもの反応状態を観察して，抵抗がなければ2回目や3回目を行いましょう。

　高学年でペアリラクゼーションを実施する際に抵抗と感じるのは次の3点です。様子を観察しながら継続するか，相手を替えるか判断して実施しましょう。

　①男女差のある身体接触による抵抗

　②ペアになる子ども同士の信頼関係での心の差による抵抗

　③学級の雰囲気による抵抗

カウンセリングの3技法を効果的に！

　アドラーの教えには勇気づけの側面もあり，子育てやクラス会議などに取り入れられることがあります。筆者は勇気づけを否定するわけではありませんが，勇気づけの際に注意が必要なこともあります。カウンセリングでは快楽原則と現実原則のバランスが大切だという点です。

　快楽原則とは，不快を排除して本能的な満足を得ようとするもの，現実原則とは，たとえ不快であったとしても生きていくにあたっての掟や法，ルールに沿って行動しようとするものです。自己欲求を満たしたい，という快楽原則に対して，それには条件（交渉）が必要であるからまずそれをクリアした上で欲求を充足させようと考えるのが現実原則です。

　勇気づけで気を付けたいのが，快楽原則が高すぎると周囲のことを気にしない自分勝手な人になり，現実原則が高すぎると自分を抑え込んでしまいストレスを溜めやすい人になる可能性があるという点です。

　これからの子どもたちには，自分の欲求を適度に充足させつつ，社会のルールに従っていく学級づくりをしていきたいものです。

【事例検討】

　小学校5年生のAさんは，大事なことを忘れてしまうことがある。今日は昼休みに仲良しの友達に誘われて1年生のお世話での遊びに夢中に

なり，決められていた委員会の仕事を忘れてしまった。時計を見て思い出し，慌てて担当場所に戻ってきたが，すでに仕事は終わっていた。Aさんの分まで仕事をしていたBさんは，「なぜいつも遅れてきて仕事をさぼるの？」と強い口調で言ってしまった。Aさんも「1年生のお世話をしたので遅くなったのだから，ちょっとぐらい遅れてもいいじゃない。文句を言わないで」と言い返してしまい，トラブルになってしまった。

◣ アドラー心理学のポイント

①自己責任…たとえ友達に誘われたとしても，自分が受け入れ同意したのだから，Aさんは自分で決断したことは他者のせいにしてはいけない。よって委員会の仕事に遅れたことには責任があることを確認する。

②依頼口調…一人でも委員会の仕事をしっかりと行ったBさんの努力や貢献を称賛した上で，勇気づける。

◣ アドラー心理学を生かした対応例

　「Aさんは，委員会の仕事を忘れたことに気が付いて，急いで戻って来たんだね。ありがとうね。Bさんは，Aさんの分も，しっかりと仕事をしてくれて，ありがとう」

　①の意味は，自分の人生は自分が決めるという"自己決定性"，②は，横の関係で人間は育つという"勇気づけ"の意味です。とかく我々教師は，子どもの不適切な行動に目がいきがちですが，Aさんが委員会の仕事に遅れてしまったことは現実原則で言えば，遅れても急いで戻ってきたことを認め，どのような行動をとればよかったかを確認する（誘いを断る・忘れずに委員会の仕事をしてから遊びに行く・別の日に遊ぶ約束をする等）ことで，自己責任の原則を果たさせたいものです。Bさんには，Aさんの分まで仕事をしたことの適切さを認めた上で，勇気づけができるように依頼口調で伝えることが効果的であることを伝えます。

2月 コミュニケーションアラカルト④ ペーシング

ユニバーサルデザイン

✓ コミュニケーションスキルと信頼の度合いを目安に
Keyword ペーシング

コミュニケーションの良し悪し

　ユニバーサルデザインを考えるときに，コミュニケーションが大切であることは周知の通りですが，コミュニケーションは，基準や数値で測ることができません。「よいコミュニケーション」や「よくないコミュニケーション」をどのように力として認めればよいかが課題になります。

　下図は，「相手との信頼の度合い」「コミュニケーションスキル」を「高い一低い」でクロスさせたものです。

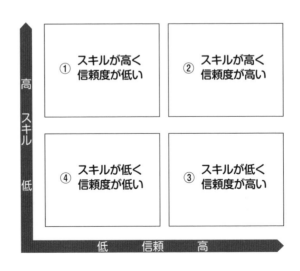

①スキルが高く信頼度が低い

　学級の雰囲気や個人の特性にもよりますが，本人のスキルは高いのに，信頼度が低い場合は，リレーションを促進することで信頼度を高めることが必要です。エンカウンターのエクササイズに取り組むなどがおすすめです。

②スキルが高く信頼度が高い

　個人の特性にも配慮が必要ですが，よいペースでコミュニケーションがとれるので，さらに役割を与えるなど，学級での居場所を確立したいものです。

③スキルが低く信頼度が高い

　いわゆる人気者だったり，場を盛り上げるのが上手なタイプですが，スキルの低さから相手を不快にさせてしまう場合も考えられるので，ソーシャルスキルトレーニングなどで，対応場面を学ばせていくことをおすすめします。

④スキルが低く信頼度が低い

　リレーションとスキルを同時に学ぶ必要がありますが，本人が抵抗を感じないようにペーシングのような簡単なことから取り組むことがおすすめです。

　ペーシングとは，相手が驚いているときは一緒に驚いてみせる，相手の使っている言葉を使う，口調やテンポをそろえることです。

　ペーシングをすることで，相手に「この人は自分の気持ちをわかってくれている」「自分に同意している」といった好印象を与えられるというものです。ただ，合わせすぎたり，わざとらしい合わせ方をしすぎると，かえって不快感をもたれる恐れがあるので注意が必要です。

　ペーシングによってラポールが形成されると，相手との親近感や安心感（無意識の深いレベルでの信頼関係）が生まれます。相互の影響力が肯定的に反映し合うつながりともいわれます。

2月 子どもの非を認めない親への対応

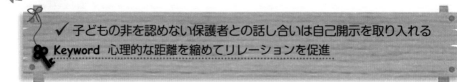

✓ 子どもの非を認めない保護者との話し合いは自己開示を取り入れる

🗝 Keyword 心理的な距離を縮めてリレーションを促進

相手の気持ちに寄り添う "寄り添い援助" とは？

　子どもの非を認めない親の立場や心理状態についてはどのような理解，配慮が必要になるでしょうか。親に子どもの非を認めさせることが目的ではなく，その子へのより効果的な対応をするために，保護者から家庭での様子を聞き，学校での様子との違いを共通認識とし，対応，対処していくことで，再発を予防していきたいという姿勢で臨みます。

　ある程度子どもや親のタイプやパターンを知り，それぞれに合った対応の仕方が求められます。

▧ 相手の気持ちに寄り添うやりとり（よい対応例）

教　師　Ｂさんの学級での様子についてご相談したいことがあるので電話をしました。今，お時間は大丈夫ですか？

保護者　短時間ならいいですが，用件は何でしょうか。

教　師　○年生に進級して，最近のＢさんのご家庭での様子はいかがですか。学校のことについてはどのように言っていますか。

保護者　勉強がわからなくて学校に行きたくないということが何回かありました。学校での様子が心配だったので，変わったことはないかを聞くと，いつも「普通だよ」と本人が言うので，安心していましたが，何かありましたか。

教　師　Bさんは，休み時間にみんなで一緒にサッカーやドッジボールをやろう，といつも先頭に立って声をかけてくれます。仲良しのDさんやEさんは，そんなBさんのことを頼もしいと言っています。（中略）つい命令口調になってしまうこともありました。学習で苦戦しているようなので，Bさんが不安無く生活が送れるようにするにはどうしたらよいかを相談させていただきたいと思い，電話をさせていただきました。家庭訪問か学校に来ていただいて面談したいのですが，ご都合はいかがでしょうか。

保護者　最近家でも，物を投げたり，ペットに八つ当たりしたりする姿が見られたので，なんとなく学校でのストレスもあるのかとも思っていました。家では特に父親の言うことを聞いて，いい子にしています。もう少し学校での様子を聞きたいので，学校に伺ってもいいでしょうか。

教　師　了解しました。Bさんの不安が解消できるように，"共育て"の気持ちで協力していきましょう。

▧ 自己開示を取り入れた対応で，心理的な距離を縮めてからリレーションを促進しよう（よい対応のためのヒント）

　子どもの非を認めない保護者の場合，①我が子が家庭で見せる言動が，学校との差が大きく，信じがたいと言うタイプ，②我が子の非にうすうす気づいていながらも，親心として我が子を守ろうという意識が強すぎるタイプ，③我が子への評価を自分への評価と受けとめてしまい，自分自身を否定されないように，我が子の非を認めないタイプ等が考えられます。

　それぞれのタイプに共通して，保護者自身が自分の心理的な課題を意識できなかったり，しっかり我が子に向き合うことができなかったりする可能性があるので，しっかり話を聞いてくれる雰囲気を大事にすることがポイントであると思います。

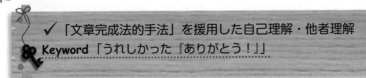

リレーションづくり

3月 文章完成法を使ったエクササイズ「うれしかった『ありがとう!』」

✓ 「文章完成法的手法」を援用した自己理解・他者理解
Keyword 「うれしかった『ありがとう!』」

「文章完成法的手法」を援用した自己理解

エクササイズ：「うれしかった『ありがとう!』」

ねらい 【自己・他者理解】友達がしてくれたことでうれしかったことを「ありがとうカード」に書き，相手にプレゼントすることで，感謝の気持ちを表す。

準備 ワークシート・筆記用具

エクササイズの流れ

(1) 友達がしてくれたことでうれしかったなあと思うことを「ありがとう!」ワークシートに記入する。

「～してくれた」の例
・一緒に何かをしてくれた　・何かを教えてくれた
・優しくしてくれた　・困っているとき助けてくれた　等

「どんな気持ちだった」の例
・泣きたくなるほどうれしかった　・すごく優しいなあと思った
・助けてくれてありがとう　等

※できるだけ多くの友達のよさを見つけるように，同じ人は避けて一人一回という制約をつけて書かせるなどするとよい。

※事前に予告し，書かせていくとよい。思いつかないときは空欄のままで

よい。

(2)　書いたカードをワークシートから切り取り，重ねて持つ。

(3)　書いた相手の机の上にある台紙にカードをのせる。

(4)　もらったカードを1枚ずつ読みながら，台紙に貼り付ける。

(5)　シェアリングする。

　　・個人ごとにシェアリングする。

　　・全体の前で，気付いたこと，感じたことを発表する。

うれしかった「ありがとう！」

年　　組〔　　　　　　　　　〕

◇友だちがしてくれたことで「うれしかったなあ。」と思ったことを書き，「ありがとうカード」をプレゼントしましょう。

　＜例＞・いっしょに何かをした　・教えてもらった　・助けてくれた
　　　　・手伝ってくれた　・さそってくれた　・かしてくれた　など

〔　　　　　〕さんが
　　　　　をしてくれた
どんな気持ちだった？
〔　　　　　〕より

〔　　　　　〕さんが
　　　　　をしてくれた
どんな気持ちだった？
〔　　　　　〕より

〔　　　　　〕さんが
　　　　　をしてくれた
どんな気持ちだった？
〔　　　　　〕より

〔　　　　　〕さんが
　　　　　をしてくれた
どんな気持ちだった？
〔　　　　　〕より

〔　　　　　〕さんが
　　　　　をしてくれた
どんな気持ちだった？
〔　　　　　〕より

〔　　　　　〕さんが
　　　　　をしてくれた
どんな気持ちだった？
〔　　　　　〕より

〔　　　　　〕さんが
　　　　　をしてくれた
どんな気持ちだった？
〔　　　　　〕より

〔　　　　　〕さんが
　　　　　をしてくれた
どんな気持ちだった？
〔　　　　　〕より

〔　　　　　〕さんが
　　　　　をしてくれた
どんな気持ちだった？
〔　　　　　〕より

3月 二重自我法を使ったロールプレイ「私の心のサポーター」

- ✓ "私の心のサポーター" で悩みを解決
- 🔑 **Keyword** ダブル（二重自我法）のロールプレイ

ダブル（二重自我法）で悩みの解決

　二人羽織の2人のように，後についた人が，前の人の迷っている気持ちの一方を強調してつぶやいたり，気持ちを整理したり，気付きを促したりすることができるロールプレイを紹介します。

私の心のサポーター

ねらい　　前の友達が悩んだり困ったりしたときに，後ろからサポーターとして声をかけ，励ましたり，気持ちを整理したり，気付きを促したりすることができる。

説明（インストラクション）

　二人羽織のようにして，前の子が，言葉に詰まってしまったり，悩んだりしたときに後ろの子がサポーターとして，助け船を出すロールプレイをする。

> 【"私の心のサポーター" のやり方】
> ① "今" 自分が悩んでいること，解決したいことなどを思い返してみる。その中から自分一人では解決できそうにないことを1つ決める。
> ②自分がその場面に戻ったつもりで，相手役（友達，お父さんなど）に自分が思っていることを伝える。

※自分と相手役は向かい合い，サポーターは，自分の後ろにいる。

③伝えるときに，つらくなる場合やどのように言うといいかわからない
　場合にサポーターに助けてもらう（後ろから心の声を出してもらう）。

※1人目が終わったら交替して次の人が行う。

演習（エクササイズ）

(1)　4人1組のグループになって，1対1になり，困った場面や悩んだ場面
　をロールプレイする。代表1組（当事者同士2名，それぞれに付くサポー
　ト役2名）

　※悩んでいる友達が解決できるスキルを身に付けることができるように配
　　慮してロールプレイするように支援する（一人につき2分ずつ）。

(2)　グループになり，順番を決めて，解決したい場面をロールプレイする。
　〔テーマの例〕友達に強く言われて／本当は断りたいんだけど／友達とけ
　んかをして等

振り返り（シェアリング）

　気づいたこと，感じたことを振り返る。

　「今までの生活で，友達とのトラブルで困った場面や解決したいけどでき
なかったこと，どのように言葉にしてよいかわからなかった場面がありまし
たね。そんなときに，"私の心のサポーター"にアドバイスをもらいながら
受け答えすると，次にあったときにスムーズに解決できますよね」

ストレスを解消する５つの方法

✓ ストレス解消の仕方を学ぶ
Keyword ストレス解消の手だて

ストレスって何だろう？　解消するにはどんなやり方？

前回のストレスを知る学習から，次のようにまとめることができます。

> ストレスのもと（ストレッサー）＋ストレス反応
> ↓
> ２つを合わせてストレスと言うことが多い

・ストレスのもと（ストレッサー）＝出来事，原因，きっかけ
・ストレス反応
　①心の反応：嫌な気持ち
　②身体の反応：頭痛，腹痛，眠れない，食欲がない，だるい
　③考えや行動への反応：怒り，悲しみ，不安，落ち込み
　自分にとって大切なものやこと（夢や希望，能力，時間，考え方，価値観等）が傷つけられて生まれることが多いです。

ストレスを解消しよう

　ストレスを解消するやり方を確認し，いざというときに使えるようにトレーニングしておきましょう。

【大人の人がよくやる5つの方法】

①呼吸法：息をゆっくり吸ったり吐いたりします。

②漸進的筋弛緩法：身体にぐっと力を入れてから，息を吐くのと同時に全身の力を抜きます。

③カウンティング：ゆっくり数を数えます。上から降りた方がよいイメージの方は10．9．8．7．6…のように数え，登山のようなイメージの方は，1．2．3．4．5．6…のように数えます。口を閉じても，数を数えながらでもOKです。

④イメージ法：自分の気持ちが和らいだり落ち着いたりする風景や空想場面，好きなこと，楽しかった思い出などをイメージします。

⑤リマインダー法：イメージ法をもとに，言葉や文章，投げかけの言葉，励ましメッセージなど，言語化して口にします。

　高学年では，この他に，好きなものを食べる，好きな本を読む，友達と話をするなどがありますが，次のやり方もおすすめです。

①小さくちぎるというコーピングを身につける

　新聞紙や広告用紙などをストレスに見立てて，小さくちぎって嫌な気持ちと一緒に捨て去るというやり方。

②サポートしてくれる人や物をイメージする

　困ったとき頼りになる人を決めておき，その人の言葉や行動をイメージするやり方。

③マインドフルネス（『今，この瞬間』を大切にする生き方）を身につける

　自分を，離れたところから観察するもう一人の自分として俯瞰するやり方。

カウンセリング

3月 アドラー心理学を活用しよう②
勇気づけ

✔ 生活課題対応に効果的な3つの概念
🔑 Keyword 勇気づけで目標をイメージして行動

勇気づけは，あらゆる人間関係に有効なかかわり方

　勇気づけとは，困難を克服する活力を与えることです。それによって，チャレンジ精神をもって，困難を自身の成長の糧にすることができるようになります。自分自身の悩みや問題に対して向き合い，人生を豊かなものへと変えることができる勇気には，次のように3種類あります。
　　・リスクを負うことができる
　　・困難に挑戦すること（克服する努力）ができる
　　・他者と協力することができる
　何かを貢献したり，リスクを負ったりして挑戦して身につくことです。

人間関係の悩みと関連する性格

　自分の性格が人間関係に影響を与えることは，私たちの日常生活でも生じています。例えば，短気な性格が原因で周囲の人たちと衝突することが多いといったことが考えられます。
　高学年の子どもの生活上の課題を次の3つの概念でとらえます。
　①自己概念　②世界像　③自己理想
　それぞれの意味は次の通りです。
　①自己概念…今の自分自身のとらえ方

②世界像…学級の環境のとらえ方や周囲の級友へのイメージ

③自己理想…自分や自分を取り巻く環境などのあるべき姿や形

具体例としては，"人と話すことが苦手で友達関係を上手く築くことができない"というケースを考えてみましょう。

【思考過程：思い込み】

①自己概念：友達とうまく話せない

②世界像：周りの友達は，他の友達と上手に話すことができるのに，自分は上手に話せないので，周りから変わった人だと思われている

③自己理想：自分も友達の前でも上手に話すべきである

という思考過程になっていると考えられます。その思考のゆがみを修正していきます。

勇気づけがポイント

生活課題を変える際にポイントになる概念が勇気づけです。勇気づけとは，困難に立ち向かい，乗り越えるための活力を自分に与えることです。

①目標断言→②イメージ→③行動

目標断言とは，「自分は性格を変えられる」など，自分自身に向かってポジティブな言葉をかけることです。目標を断言した後，目標を達成している自分を頭の中でイメージします。そして，目標を達成するためにできることを，徐々に行動に移していきます。

課題例の"人と話すことが苦手で友達関係を上手く築くことができない"という場合，

目標を断言する：他人と話すことへの苦手意識をなくす

イメージする：自分が他人と笑顔で会話していると，他人も会話に加わる

行動する：とりあえず，他人に笑顔で挨拶してみる

というステップで対応し，悩みを解決することができます。

参考・引用文献一覧

・國分康孝監修『現代カウンセリング事典』金子書房，2001年

・菅野純『教師の心のスイッチ　心のエネルギーを補給するために』ほんの森出版，2009年

・國分康孝監修，八巻寛治他編『エンカウンターで学級が変わるショートエクササイズ集』図書文化，1999年

・國分康孝監修，八巻寛治他編『エンカウンターで学級が変わるショートエクササイズ集 part 2』図書文化，2001年

・石隈利紀『学校心理学』誠信書房，1999年

・八巻寛治『心ほぐしの学級ミニゲーム集』小学館，2006年

・八巻寛治『心ほぐしの学級ミニゲーム part 2　みんながなかよくなれる学級ゲーム』小学館，2009年

・八巻寛治『エンカウンターの心ほぐしゲーム』小学館，2012年

・八巻寛治『やまかん流カウンセリング技法活用シリーズ 1　学級保護者会・懇談会の演出スキル』明治図書，2008年

・八巻寛治『やまかん流カウンセリング技法活用シリーズ 2　社会的スキルを育てるミニエクササイズ基礎基本30 コミュニケーションスキルを高めるために』明治図書，2009年

・國分康孝他監修，八巻寛治他編『育てるカウンセリングによる教室課題対応全書 5　いじめ』図書文化，2003年

・田村節子『親と子が幸せになる「XとYの法則」』ほんの森出版，2007年

・「一人一人が輝く確かな学級経営を目指して」釧路教育研究センター研究紀要第175号

・「平成24年度 若年教員研修のしおり　子どもと生きる」高知県教育センター

・河村茂雄『学級づくりのためのQ-U入門』図書文化，2006年

・「温かい学級づくりのために（Q-U活用リーフレット）」高知県心の教育センター

・「人権が尊重された学校づくりのためのチェックリスト（学習指導）」高知県教育委員会

・河村茂雄『学級集団づくりのゼロ段階』図書文化，2012年

・菅野純『教師のためのカウンセリングワークブック』金子書房，2001年

・「不登校チェックリスト」高知県心の教育センター

・嶋﨑政男『「脱いじめ」への処方箋』ぎょうせい，2013年

・久我直人『優れた教師の省察力』ふくろう出版，2012年

・高山恵子編，松久真実・米田和子『発達障害の子どもとあったかクラスづくり』
明治図書，2009年

・黒川伊保子「ＡＩ研究者が語る　男女別 脳のトリセツ」『小五教育技術』2018年
4月号，小学館

・『学級経営ハンドブック　「夢」・「志」を育む学級づくり（小学校編）』高知県教育
委員会

・河村茂雄・藤村一夫編『授業スキル　学級集団に応じる授業の構成と展開　小学
校編』図書文化，2004年

・河村茂雄・藤村一夫・粕谷貴志・武蔵由佳・ＮＰＯ日本教育カウンセラー協会企
画・編集『Ｑ－Ｕによる学級経営スーパーバイズ・ガイド　小学校編』図書文化，
2004年

・藤村一夫「学級づくりと授業力―学級状態の理解の方法と状態に合った授業―」
『指導と評価』2006年2月号，図書文化

・「アンガーマネージメント・プログラム　スタートブック」滋賀県総合教育センター

・本田恵子『キレやすい子の理解と対応　学校でのアンガーマネージメント・プロ
グラム』ほんの森出版，2002年

・滋賀ライフスキル学習研究会編『すぐに使える！ライフスキル学習プログラム
（中学校）』

・高橋久『12歳からのエゴグラム　学校で生きぬくための心理学』ぺんぎん書房，
2004年

・『授業のＵＤ化モデル（2012年度版）』授業のユニバーサルデザイン研究会

あとがき

　私はこれまで公立の小学校教諭や講師として38年間，銀行員として３年半，嘱託社会教育主事として25年間活動してきました。その間，全国の学校，研究会，教育委員会，セミナー，ＰＴＡ講演会などで500回を超える研修会や講座を担当させていただきました。学級づくりや他者とのかかわり方が主なものですが，基本的には〝人間関係〟にかかわるものが多かったです。

　そこでよく質問されるのが「なぜあのバブルの頃に銀行員を辞めて，給料の安い教員になろうとしたのですか？」ということです。

　自分にとっては「思春期の気の迷い」から偶然にも銀行員になり，銀行員でいるときの自己啓発研修から，自分のやりがいを感じる〝子どもとふれ合う仕事〟に気持ちが向いたからと説明していました。

　しかし，教師を定年退職し，今は，「その時，その時の自分と向き合い，最高の自分探しを続けてきたから」だと思うようになりました。そのような拙い自分の経験や体験を，書籍や研修会の場でお伝えできたことはこの上ない喜びです。

　自分にとっての〝転機〟は，2011年に起きた東日本大震災です。それまでの自分の価値観や役割意識を大きく変えることになりました。「地元の人が苦しんでいるのに本などを出版して目立っていいのか」という思いが強くなり，「落ち着くまで出版はお断りしよう」と心に決めました。

　その後，熊本や大阪，東海地区などの地域を中心に〝震災後の心のケア〟をお伝えしていましたが，それぞれの会場で「ぜひ本が読みたい」「先生の技術を学びたい」との声をたくさんいただき，10年近くの時を経て，今回の出版の運びとなりました。

"オーラがない"は最高のほめ言葉

　研修会やセミナーの後に，感想やメッセージを頂戴することがあります。それらを年代別に自分なりにキーワードにしてみると，30代は「やる気と情熱」，40代は「技術とスキル」，50代は「納得と活用」，そして最近は「柔和な一般化」のようです。

　最近，ある研修会の後に「…いい意味で，これまでお会いした講師の方々と比べて，オーラがない。柔らかい雰囲気でお話する様子に…」というメッセージをいただきました。

　筆者がこれまで取り組んできたものでは，特別活動の実践技術やカウンセリング理論や技法，エンカウンター，心ほぐしミニゲームなど，一見スキル的なイメージの手法やハウツーのようなことなどを発信してきました。私自身は難しいことでも一般化したり，短時間で手軽に取り組めるショートやミニにしたりしていこうと思って実践してきたことです。

　その意味で，60代になって初めて"オーラがない"と評されたことは，私にとって最高のほめ言葉をいただいたと感じています。

　本書は「やまかんメソッドでつくる最高の教室」というフレーズを付けました。低・中・高学年すべてのページを筆者１人で書きました。前述のように，カウンセリングや心理効果のある取り組みをできるだけ一般化したつもりです。みなさんが困ったときの参考書としてぜひご活用いただけたらと思います。

　本書が，全国の子どもたちや保護者，何より先生ご自身の笑顔につながればと思います。

　2020年１月

八巻　寛治

【著者紹介】

八巻　寛治（やまき　かんじ）

元宮城県仙台市立小学校教諭。社会教育主事，宮城県教育カウンセラー協会副代表。上級教育カウンセラー，学級経営スーパーバイザー（Q－U等），ガイダンスカウンセラー，特別支援コーディネーター。

学級への適応指導の重要性を再認識し，いじめ・不登校・学級の荒れを予防するエンカウンターや，課題解決に向けたシナリオ（枠）を設けたロールプレイを取り入れた開発的な教育カウンセリングの研究や実践，荒れたクラスの立て直し等を目指して取り組んでいる。

月刊誌・新聞における連載のほか，著書を多数執筆。書籍累計販売数は約38万部にのぼる。

【著書】

『心ほぐしの学級ミニゲーム集』（小学館）

『構成的グループエンカウンター・ミニエクササイズ56選　小学校版』（明治図書）

『小学校学級づくり　構成的グループエンカウンターエクササイズ50選』（明治図書）

『エンカウンターで学級づくり12か月　フレッシュ版』小学校低学年・中学年・高学年（明治図書）

ほか，著書・編著多数。

八巻寛治　365日の学級づくり　高学年編
やまかんメソッドでつくる最高の教室

2020年3月初版第1刷刊 ©著　者	八	巻	寛	治

発行者　藤　原　光　政

発行所　明治図書出版株式会社

http://www.meijitosho.co.jp

（企画）及川　誠（校正）西浦実夏

〒114-0023　東京都北区滝野川7-46-1

振替00160-5-151318　電話03(5907)6703

ご注文窓口　電話03(5907)6668

＊検印省略

組版所　株式会社木元省美堂

本書の無断コピーは，著作権・出版権にふれます。ご注意ください。

Printed in Japan　ISBN978-4-18-352316-7

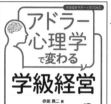